AF220404

© 2021
Herstellung und Verlag: BoD – Books on
Demand, Norderstedt
ISBN: 978-3-7534-6069-7

Liebe Leserinnen und liebe Leser,

ich begrüße Sie zu diesem Band –
GEDANKENMOMENTE –

Dieses für Sie zusammengestellte Sammelwerk, umfasst all meine Schriftstücke aus dem Jahr 2021.

Es ist ein sehr abwechslungsreicher Band geworden. Da ich aus verschiedenen Momenten, Gedanken, Gefühlen und Abschnitten meines Lebens geschrieben habe, gibt es sozusagen keine Linie oder Leitfaden in diesem Band.

Es ist eine Reise durch ein Leben mit, wie der Titel meines Buches es schön beschreibt –
GEDANKENMOMENTEN…

Ich wünsche Ihnen liebe Leserinnen und liebe Leser, eine schöne Zeit und viel Freude beim Lesen des Bandes und vielleicht entdecken Sie für sich, den einen Text, jenes Gedicht, welches Sie berührt und womöglich durch ihr Leben begleiten wird.

Herzliche Grüße und eine gute Zeit, wünscht Ihnen Ihr Autor –

Christian Hofmann

Gedankenmomente

Christian Hofmann

Inhaltsverzeichnis:

Ausgeprägt
Man lebt nur einmal
Man lebt nur einmal (Parodie-Format)
Um Bücher zu schreiben
Ausweg
In der Wahrheit leben ist hart! (Wa"h"re Gesellschaft)
Gutachten
Ich bereue
In der Wahrheit

Wäre die Sonne der Regen

So ein Tag wie heute
Der ist schon Ewigkeiten her
In mir ist so viel los, doch Angst davor,
das Blatt Papier bleibt leer

Hätte ich nichts mehr zu schreiben
Gäbe es doch keine neuen Zeilen
Doch Dinge auf der Seele, habe ich doch stetig
Nichts zu schreiben, es tritt nicht ein – Nein!

Ob schlechtes Gewissen
Oder ein Hoch vom Gefühl
Geordnetes Leben weniger –
Von Kummer und Gedanken, eindeutig zu viel!

Worin wiegt die Schönheit vom herrlichen Leben?
Was wäre denn, wäre die Sonne der Regen!?
Ich kann Gedichte reimen, in Gedanken bleiben
Ich muss gegen Sorgen und Frust ewig schreiben!

Nicht alle Zeilen aus meinem Leben klingen schön!
Aber jedoch, werden sie dazu gehören!
Vieles kommt, wenig bleibt
Doch alles, es zieht vorbei!

Das Leben es ist definiert
In allen Säulen der Zeit –
Gegenwart und Zukunft und auch
Die Vergangenheit

Neue Träume bauen

Ich vermisse und mir fehlt –
Das Sitzen in den Cafes und in den Bars
Seit der Zeit vom Lockdown 2020,
ist nichts mehr wie es mal war!

Mir fehlt so sehr das Publikum
Das Auftreten auf Bühnen!
All die kostbaren Momente –
In denen jedes Mal mein Herz aufblüht!

Ein eisiger grauer und trister Winter
Er zieht ins neue Land
Wünschenswert wäre, er reicht mir unter all den
Depressionen – ausnahmsweise mal die Hand!

Im Frühjahr werde und muss ich dann –
Wieder alleine laufen!
Kein Problem, mit den ersten warmen Sonnenstrahlen,
mit ihnen werde ich neue Träume bauen!

Ich habe leider auch nicht für alles einen Plan
Keine Lösung für alle Not!
ich sehe und höre und lese bloß;
Regel; Anweisung und Verbot!

Gedankenmomente

Sie entstehen
Im Hauch der Zeit
Rauschen vorbei ins
Unendliche weit

Sie kommen
Und sie gehen
Beginnen und enden
In einem Augenblick –

Es sind Gedankenmomente

Dem Augenblick fern
Dem Wimpernschlag nah
Gedankenmomente
Herzergreifend und so gefühlsklar

Was sich hinter ihnen verbirgt
Werden sie wohl nicht zeigen
Wenn sie uns verlassen
Wird etwas aber, von ihnen bleiben

Es sind Gedankenmomente

Ein Gedicht

Eine Tasse Kaffee –
Dazu ein Gedicht, das ich schreib'
Ein Moment voller Freiheit
In dem ich verbleib'

Täglich grüßen doch
Dieselben Geister
Alles ist so bescheiden wie –
Tapetenkleister

Endlos

Es sind endlos viele Gedanken
Die wir denken und auch schreiben
Es gibt gewiss auch Ähnlichkeiten,
in all unseren Zeilen

Die Gedanken kommen
Und die Gedanken sie gehen
Sie sind wie die Zeit –
Sie bleiben nicht stehen

Lieblingsplätze

Geplatzter Traum und verfehltes Ziel
Habe darauf vertraut – mit vollem Einsatz
Und auch mit vollem Herzgefühl!

Träume sind nun mal Träume!
Träume erreicht man meistens nie!
Niederlagen waren nicht das Problem –
Sie niemals zu erreichen, dies schmerzt in der Seele sehr

Doch; Ich bin des Kampfes hungrig!
Und zwar wie ein Tiger
Ich verstehe das Leben als Etappen
Im Gesamt, ist man kein Verlierer!
Alles Teilniederlagen – am Ende all der Zeit,
dann erst ist man der Sieger!

Zu Boden fallen um zu sehen –
Wie man doch dann wieder aufkommt!
Alles geht zu Ende, auch die Dunkelheit
Darauf folgt dann die Sonne!

Ich fahre immer an meine Lieblingsplätze
Um die Gedanken zu sortieren, dass sie sich setzen!
An diesen Plätzen doch –
Ist auch Leben um mich herum
Trotzdem ist alles still, die Geräusche vertraut rundum!

Bei all der Ruhe im Geist, da spüre ich wieder –
Was doch – LEBEN – heißt!
Diese Pausen, diese Stoppintervalle, sie helfen
Auch zur Schreibtherapie, in jedem Falle!

Zwangspause

Das alte Jahr gegangen
Das Neue hat begonnen
So sind wir drin im Zuhause
Befinden uns in Zwangspause

Auch 2021 wird so denke ich
Ähnlich leider auch wie 2020
Doch will ich guter Laune wieder sein
So schreibe ich diese Zeilen in das Buch hinein

das Frühjahr es wird kommen
Warme Tage, ich grüße die Sonne
Dann werde ich wieder sitze in Marburg an der Lahn
Zum Gedichte schreiben, bei herrlichem Wetter
In der Sonne, wo es ist doch –
So schön und warm!

Weltgeschehen

Räuberhöhlen, alte Schächte
Enge Gänge
Alte Märchen und Geschichten die man erzählt,
in manchen Nächten
In aller Länge

Raubritter, Piratenzüge
Ritterrüstung und Totenkopffahnen
Des Mittelalters raue Sitten
Unsere Chronik, bestehend aller Ahnen

Die Entdeckungsreise –
Zum Kontinent Amerika
Bodenschätze so wertvoll rein
Einst gefunden und entwendet
Auf dem Kontinent Afrika!

Wirtschaft, Handel
Modern der Wandel!
Eisenbahnen, Minen und auch
Diamanten und Edelsteine
Gutes Geschäft gemacht! Schenk noch einmal ein,
von dem edlen Wein! Ein Schlückchen darf es noch sein

Industrialisierung, die große
Revolution!
Automatisierung, Fortschritt
Manipulation!
2020 wieder mal eine Katastrophe
Globaler Maskenball!
Party der Frustration

Das Weckgedicht

Die Nacht vergeht
Sie erwacht zum Tag
Der Wecker klingelt im –
5 Minuten-Schlummerschlaf

Wer kennt es auch?
Wer kennt es denn nicht?
Dieses allmorgendliche
Weckgedicht

Schritte

Bei allem was man sich auch vornimmt
Welche Ziele man sich auf setzt
Der erste Schritt ist immer,
der Schwerste von allen!

In vielerlei Hinsicht
Habe ich doch versagt
Das klingt nicht schön und ist hart –
Doch es ist wahr, wenn man mich fragt!

Erklären der Welt

Der Mont geht tanzen –
Wenn die Sonne schläft
Das Gras es wächst,
wenn der Wart es nicht mäht!

Die Bäume wachsen –
Wenn der Mensch sie nicht fällt!
Ist es nicht recht simpel,
das Erklären dieser Welt!?

Einblick und Ausdruck

Mein Leben ohne das Schreiben wäre wie;
Nach der Einladung gar nicht so lange zu bleiben!
Das Schreiben ist meine Heimat, der Ort meiner
Vertrautheit – Es ist mein Zuhause, die Sicherheit

Was ich denke, was ich fühle und dann schreibe
Kann mir keiner nehmen –
Jeder doch lesen, doch es bleibt das Meine!
Das Schreiben ist ein Einblick und Ausdruck meiner
Welt
Ich werde es tun, mein Leben lang – weil es mir doch so
gefällt!

Diese Zeilen schreibe ich heute und hier
Doch ich hinterlasse sie noch für;
Lange, lange nach mir!
Dichter, Denker, Poet – Der mit der Sprache geht!

Der, der sie schätzt und liebt
Vielleicht ist sie meine Bestimmung
Der Grund, warum ich denn leb'!

Das Schreiben ist mein Leben, so bin ich halt
Gedichte, Kapitel, Bücher, mein ganzer Lebensinhalt!
Momente, Situationen, Depressionen auch Stationen!
Worte verfasst, Buchstaben geschrieben – zig Millionen
Denn sie sind Heimat, ich möchte sie bewohnen!

Ich lebe mich aus im ewigen Satzaufbau
Im Gedicht, im Zitat –
Im Reim, in der Tat!

Das Schreiben meine Medizin –
An jedem neuen Tag!

Kein Thema lasse ich aus, keine Dichtkunst
Erweist sich mir zu schwer!
Denn ich weiß um das was ich tu –
Keine Berufung erreichte mich jemals – mehr!

Es sind Depressionen
Sorgen und Ängste kosten mich meiner Kräfte!
doch ich halte sie in Schach!
Halte den Pegel, durchs Schreiben meiner Texte!

Gerne raus

Ich würde gerne raus
Aus dem Schmerz aus dem Hass
Aus Zustand aus dem Leid
Und aus dem, was die Depression mit mir macht!

Sie malt diese bunte Welt in
Ganz dunkles Rot und fast schon nachtschwarz!
Sie macht mein Leben mir zur Hölle –
Und das ist verdammt nochmal kein Spaß!

Es ist auch kein abgedrehter Scherz!
Denn es Wunden, fühlbar in der Seele
Und auch auf meinem Herzen!

Die Depression, seit ich sie kenne
Ist sie schon lange mein Feind
Die sich immer wieder ersichtlich
In manchen meinen Zeilen zeigt!

Dieser Kampf ist so anstrengend mit ihr
Doch ja verdammt, ich nehme es auf mit ihr
Jeden Tag, jeden neuen Tag im Leben –
Was ich durch mache, darüber können nur wenige
reden!

Und dann gibt es Momente –
Ganz genau so wie jetzt diese
Ich sitze und schreibe, lass den Ballast ab
Gefühle die in jeden meiner Wörter fließen

Zeile für Zeile

Die Linien der verfassten Worte,
die sich setzen Zeile für Zeile –
Auf dieser und der nächsten Seite
Das Schreiben, ist dort wo ich lebe –
Dass es so auf ewig bleibe!

Gemälde

Sonne wo bist du!?
Ich warte auf dich!
Das graue Wetter, das will ich nicht!
Ich will Wärme,
anstatt der Eiseskälte!
Sommer, Sonnenstrahlen –
Das schönste Gemälde!

Denn; ich liege begraben
Unter fröstelnder Traurigkeit
Die Sonne kommt schwer hindurch!
Ihr Weg, er scheint so weit!

Das Herz es liegt weit und –
Im tiefen kalten Schnee
Es gibt keine Wege dort,
welche ich so einfach gehe!

Die Hasenverwandtschaft (Kindertext)

Die Hasen erwachten am Morgen –
Ganz früh und voller Schreck!
Denn sie träumten,
alle Kartoffeln seien weg!

Die Hasenfamilie und Hasenverwandtschaft
Kommt zu Besuch schon sehr bald –
Also rasen sie zum Feld,
hindurch den ganzen Wald!

Sie haben auch ihre Taschen dabei
Welche sie doch, für die Flaschen kauften
Oh je, oh je –
Da waren noch Flaschen drin, die jetzt so fein in der
Tasche auslaufen!

Die Hasen rasten immer schneller
Ein Tempo, eine Eile –
Man oh man!
Einer der Beiden lief gegen einen Baumstamm!

Da sagte der eine Hase zum Anderen;
Immer mit der Ruhe und bleibe geschmeidig
Die Hasenverwandtschaft kommt doch erst später,
sie haben es nicht so eilig!

*Hintergrund des Textes; 7 Wörter als Vorgabe von
meiner Nichte...
Kartoffeln, rasen, Wald, auslaufen, Baumstamm
Ruhe und geschmeidig...*

Müll in den Müll (Kindertext)

Müll in den Müll
Das Blech in die Tonne
Gefrorenes Wasser, es ist Winter
Nix zu sehen von der Sonne!

Die Hose ist da
Um sie zu tragen
Es gibt sie zu kaufen in −
Allen Stoffen und Farben

Rastplatz
Parkplatz
Wochenmarkt
Am Marktplatz

In meinen Strümpfen
Und in den feinen Socken −
Will ich Musik hören und dazu;
Tanzen, singen und rocken!

Frühjahrsschein

Durch die kalten Tage
Bricht ein Frühjahrsschein
Feine helle Sonnenstrahlen
Schauen für einen Moment vorbei

Das Winterbild gezeichnet
Von Kälte und Schneeweiß
Flocken die, die Welt einfärben –
Ganz still und so leis'

Scheiben (dunkle Lyrik/Songtext)

Ich muss schreiben
Denn es hilft gegen mein Leiden
Ich muss schreiben
Den Schmerz in Scheiben schneiden!

Den Schmerz zerlegen
Bis zum Anschlag hinten gegen!
Und dann bohren und schneiden
All den Schmerz in feine Streifen!

Ihn zerlegen und sezieren
Immer mehr und mehr –
Muss ich schreiben, denn es hilft
Gegen all mein Leiden!

All den Schmerz in Streifen schneiden
So zerlegen und behutsam sezieren
So, dass er liegt in eigenen Scheiben
Muss so viel erleiden und darum schreiben!

Refrain;
Mein graues Bild, das –
Meine Wirklichkeit betrübt
Gedankengänge, alles was –
Mich und das Leben belügt
Grauer Kummerschein, zieht auf am Himmelszelt
Sorgenwolken bedecken alle Farben, nichts ist mehr
erhellt! Grau in Grau, Nebelsicht
In Dunkelheit, längst erloschen jedes Licht!

Lebensnarben

Ausgeleiert, aussortiert
Ausgedient und ausrangiert
Bringe nichts mehr ein
Bin nichts mehr wert!
Ausgelutscht, ausgepresst
Ausgemolken und des Abfalls Rest

Die provokante Lyrik
Sie ist mein Zuhaus'
Ganz gelassen, voll und ganz
Lebe ich mich in ihr aus!
Weggewischt wie der letzte Dreck
Nutzeffekt, Mittel zum Zweck
Bringe nichts mehr ein
So bin ich nichts mehr wert!
Ausgenommen, ausgequetscht
Ausgemolken und des Abfalls Rest

In diesem Leben bist du was
Nur wenn, du etwas zu tun hast!
Gammeln, lungern, lümmeln –
Gleicht; des Lebenslaufs verstümmeln!

Die provokante Lyrik
Ja sie ist mein trautes Heim
Schmerzerfüllt, unverhüllt
Unzensiert steht sie im Reim!
Was ich alles schon ertrage
Von der Kindheit – Lebensnarben!
Schwarz, schwarz und weiß –
Ich stehe im Zeichen dieser Farben!

Texte muss man fühlen

Zeilen die wir schreiben
Ob in guten oder schlechten Zeiten
Wir verfassen mit Gefühl
Freude und Trauer im Gewühl!

Texte muss man fühlen
Die guten und die schlechten Seiten
Im Siegesrausch und Freudegefühl
Sowie auch die Schmerzen die wir leiden!

Texte muss man fühlen
Wenn sie Haut und Herz berühren
Die Emotionen wollen doch –
Dass wir sie auch innig spüren!

Freudentänze und Trauerspiele
So breit die Skala der Gefühle!
Freudenträne, Tränenleid
Dies ist Leben, Lebenszeit!

Manche Gefühle sind vergebens!
Manche überflüssig dieses Lebens
Doch nach allem Menschenstreben –
So wollen wir doch fühlen und erleben!

Die Neugier sie ist des –
Menschen Lust!
Doch wie oft auch schon erlegen,
im Mitleid und im großen Frust!?

Scheinwelt

Kleine Kinder werden mit –
Spielzeug noch erzogen!
Von der wahren grausamen Welt,
werden sie doch einst belogen!

Kinderfreude und bunte Bilder
Was waren wir doch, für glückliche Kinder!?
Was ist geschehen im Laufe all der Zeit?
Schule, Noten, Konkurrenz – So groß der Neid!

Als Kinder lernten wir
Abzugeben und zu schenken!
Heute werfen wir weg im Überfluss, anstatt –
Einen Gedanken an Mitmenschen zu verschwenden!

Das ist die Gesellschaft
Norm und Form, verschwenderisch enorm!
Das ist das System
Kalt die Herzen und die Seele eingefroren!

Kinder sind eigentlich Wunder und Geschenke!
Doch ab der Schule, ist das Wunder dann das Ende!
Es zählen die Noten, es wird gesiebt und sortiert!
Die Besten muss man loben und der Rest, ist der –
Für den sich niemand interessiert!

Des Lebens lang

Mein Durcheinander im Kopf
Bilderrätsel ohne Lösungswege
Niemand kann mir sagen –
Wohin und ob ich mich richtig bewege!

Ich reise mich los von jeder Leine
Breche auf im Morgen-Land
Bleibe dann im Land der Träume
Für den Rest des Lebens lang!

Für das Land der Träume
Für dieses gibt es keinen Kompass!
Man braucht Mut für diese Reise
Zücke das Schwert und En garde!

Was habe ich noch zu verlieren?
Wo ich doch so oder so nichts gewonnen habe!
Wofür ist es alles wie es ist!?
Ich stelle mir nicht mehr diese Frage!

Mein Kopf in einem Durcheinander
Träume, Ziele – verloren nacheinander!
In der Hand nichts außer Asche und Staub
Habe im Leben, viel zu stark dem Glück vertraut!

Du sollst nicht töten!

Ich mache mir Gedanken
Über die Gesellschaft, diese Menschheit
Ein Gebot neben neun andren besagt;
Du sollst nicht töten!

Wir schlachten Vieh
Nähren uns on ihm!
Das Töten von Tier
So normal im Leben hier!

Was wäre denn, wenn –
Ein Tier sprechen könnte
Und es würde weinen und flehen,
und es würde sagen, würden dies doch eure Kinder
sehen!

Ich stelle so viel in Frage
In diesem ganzen, weiten und breiten Leben!
Antworten gibt's keine, wahrlich nicht!
Doch ich versuche, im Frieden irgendwie zu leben!

Auch ich esse Fleisch! Wenn auch nur wenig
Oder so gesagt, reduziere den Verzehr!
Aber auch dies ist keine Entschuldigung oder eine
Lösung, denn Tiere sterben immer noch und immer
mehr!

So kritisiere und ermahne ich mich nun auch selbst!
Wir verstoßen ständig gegen die Gebote!
Frage mich aller Liebe –
Kann Gott uns noch lieben, die Kinder dieser Welt!?

Du sollst nicht ehebrechen

Du sollst nicht ehebrechen
Ich weiß, darum gibt man sich
Im Grunde doch das Versprechen!

Was soll ich dazu sagen –
Will mich nicht rechtfertigen
Muss auch keinen Menschen hier
Um Rat oder Beistand fragen!

Wenn man doch mit Gott
Reden könnte, wie mit einem Freund
Würde er es denn verstehen!?
Bevor man des Lebens unglücklich wird und sich nicht
mehr erfreut!?

Wichtig ist doch, wenn man sich trennt
Sich im Guten und nicht im Bösen kennt!
Wenn man doch einfach zu verschieden ist
Und daran nichts zu machen ist

Ich fürchte um die Gebote Gottes
Die Schriften unseres Herrn
Doch bei manchen Bibelstellen, glaube ich ganz einfach
Manches dichtet der Mensch auch allzu gern!

Ich glaube an Gott – und ich glaube nicht,
dass Gott will das man unglücklich hier lebt!
Denn Gott ist doch die Liebe in aller Wahrhaftigkeit
Und es ist Frieden, wenn man in Trennung, beachtend
und respektvoll weiter durch das Leben geht!

Ein Herz

Ein Herz das fühlt
Das Herz es weint
Es spürt den Schmerz –
So seelenrein!

Momente die da kommen
Bilder die dann bleiben
Geschichten aus der Ferne
Aus allen Himmelsweiten
So viele Menschen die doch,
diese ganze Welt vereinen!

Immer wenn ein Herz zerbricht
Erlöscht ein weiteres Licht
Wir sind Lichter, leuchtend hell
Wir sind alle eins, wir sind diese Welt!

Nicht alle und jeder sieht es ein
Legt lieber auf dem Weg den nächsten Stein!
Hindernis und Barrikaden –
Kriegsgebiete, Feuerparaden!

Auch ein getrimmter Soldat
Trägt doch unter Haut sein Herz
Geblendet und manipuliert
Opfert er Leben, ganz erfüllt von reinem Schmerz!

Da war einmal ein Traum

Da war einmal ein Traum
Der träumte so viele Träume
Wahrwerden wollte er
Das war sein größter, aller Träume

Denn er träumte von –
Einem großen Leben mit Freude
Weit und breit
Gefüllt mit Liebe, die reichen würde bis in alle
Ewigkeit!

Der Traum er träumte
Und er träume stetig fort
Er träumte sich in des Dichters Traum hinein,
um zu gelangen in des Dichters Wort

Der Dichter vor dem Blatt Papier
Er war verwundert –
Fragte sich, was verfasse ich denn hier!?
Wie von fremder Hand wird seine –
Im Augenblick geführt

Die Träume haben ihn erreicht
Seine Gedanken und Gefühle,
diese haben sie berührt!
So hat der Dichter nun Zeile für Zeile,
das Leben der Träume verfasst und für alle Zeit –
In seinem Buch platziert

Gelaufen

Die Freude verdrängt von –
Der Traurigkeit im Augenblick
Das Lachen vergangen,
denn es hängt im Strick!

Das Jahr 2020 davon –
Konnte ich mir nichts kaufen!
Und das neue Jahr, erst begonnen,
doch scheint es auch schon gelaufen!

Bühnenausfälle, Lockdown!
Könnte vor Frust Schippe gegen Schubkern hauen!
Lärm und Krach machen
Die Geräusche übernehmen für mich das Lachen!

So viele neue Texte
Ganz frische Zeilen, zündende Ideen
Die Emotion wird erstickt
Sie darf nicht über die Ausgangssperre gehen!

15 km Radius, ja Leute, das bringt's !?
Pendler-Berufsverkehr, hunderte von Kilometern
Das ist alles leicht gehandhabt, da ist das Virus
resistent, auch beim Arbeiten, existiert es wohl nicht
mehr!

Vor-bild

Wie schaut denn,
das Vor-bild aus?
Wie male ich es dir –
Denn bloß aus!?

Kleiner Stern,
der du am Aufgehen bist
ich möchte, dass –
Dir nichts am Fehlen ist

Du sollst leichtere Wege haben
Als wie ich sie einst hatte!
Ich weiß, ich bin oft so traurig
Du bist das Beste, was ich in meinem Leben habe!

Wohin –
Die Reise des Lebens führt
Weiß man vorher nicht
Doch –
Du sollst wissen,
dass du auf deinem Weg niemals alleine bist!

Ausgeprägt

Damals noch jung
Dumm und dämlich!
Verstand, er kam –
Langsam und allmählich!

Ich stehe im Kampf –
Mit diesem Leben!
Mit meinem Bewusstsein,
dem ausgeprägtem

Auch um das Wissen
Das alles einmal endet! Auch das Leben!
Will nie der sein –
Der seins verschwendet!

Habe doch immer
Gemacht und gemacht!
Getan, weil ich es musste!
Mich somit bis ins Burnout geschossen –
Über die Grenze hinaus,
weil ich nicht um sie wusste!

Heute kann ich –
Nicht mehr so weit und schnell,
wie einst!
Das ist aber,
was hier keiner von ihnen –
zu begreifen scheint!

Man lebt nur einmal

Es ist dieser Groll, diese Wut
Dieser Hass, dieser Frust
Bedingt der folgenden Gründe:
Man lebt nur einmal!

MAN LEBT NUR EINMAL!

Ich lese diesen Satz so oft!
Ich höre ihn so oft!
Ich spreche mit so vielen Menschen darüber und doch –
Bleibt es nicht haften, doch man liest diesen Satz so oft!

Das ist mein Problem, meine Unzufriedenheit
Welche entsteht und nicht mehr abnimmt!
Ich möchte mich nicht rechtfertigen –
Auch möchte ich mich nicht entschuldigen
Nur einmal mehr wieder, möchte ich erklären –
Dass meine Tiefgründigkeit und Sensibilität, so
ausgeprägt ist, dass
ich leide, wenn ich im System und in der Gesellschaft
nur funktioniere!

Mach das, was dir Spaß macht!
Sie sagen alle; „Du musst etwas arbeiten, was dir Spaß
macht"!
Dies macht mir Spaß!
Texte schreiben, dies bereitet mir Freude, so – wie auch
wieder heute!
Einfach hier vor dem Laptop-Screen
Meine Gedanken verfassen, die mir durch den Schädel
ziehen!

Und wenn mein Kind mal erwachsen ist
Und es 10 Praktika macht
Und es 100 Ausbildungen schafft
Und es 1000 Berufe auch durchläuft –
Ja! Dann sage ich zu ihm, es ist okay!
Es ist gut! Es ist absolut richtig was du machst!
Denn es ist dein Leben, es ist dein Weg!
Und mein geliebtes Kind;

DU LEBST NUR EINMAL!!!

Ich möchte, dass du glücklich wirst
Ich möchte, dass du dein Leben liebst
Ich möchte, dass du deine Chance bekommst –
Ich möchte dir all das ersparen, was ich ertragen
musste!!!

Denn mein Kind, ich liebe dich!!!

Der nächste Grund

TRÄUME NICHT DEIN LEBEN –
SONDERN LEBE DEINEN TRAUM!

Ich lebe, oder viel mehr, versuche ich meinen Traum zu
leben. Ich verfasse diese Bücher, alle meine Zeilen –
Texte, Gedichte und Reime!
Ich versuche somit meine Träume zu leben!

Mittlerweile habe ich über 25 Bücher verfasst!
Das Schreiben ist meine Berufung, ganz klar
Leidenschaft!

Leider, leider aber – bringt es kein Geld ein, wie einem
X-beliebigem Job, den ich verrichten muss!
Weil die Kohle ist ja wichtig, Gesundheit und
Wohlempfinden, daher bei mir depressive und voller
Frust!

Ich muss einfach mal hier, in diesen Zeilen
Meiner Seele, meinem Herzen Luft verschaffen!
Luft zum Atmen, den mir diese Gesellschaft nimmt!
Ganz gleich was es mir, oder überhaupt denn bringt!

Wir alle – oder ziemlich viele in der Gesellschaft
Da spreche ich jetzt mal ganz ehrlich für alle mit!
Sind doch so gefrustet, getrieben, gejagt und gehetzt –
Ich habe meine Augen auf! Sehe es und kriege es doch
mit!!!

Menschen die ich beobachte, sie zittern und sind nervös
Gestresst von all der Hektik!
Leute, ich spreche zu euch –
Wir alle sind gute Menschen, doch sie machen aus uns
kranke und kaputte Hüllen, die einfach ohne
Widerworte die Schnauze halten sollen und ohne
Hinterfragen funktionieren sollen!

TRÄUME NICHT DEIN LEBEN –
SONDERN STERBE VOR DEINEM TRAUM!!!

Man lebt nur einmal (Parodie)

Man lebt nur einmal
Also lebe nicht vorbei!
Sondern lebe mittendrin
Im ganzen Mus und im ganzen Brei!

Man lebt nur einmal
Also probiere nichts zweimal
Mach deinen Unfug und Blödsinn jetzt
Denn später, es kommt womöglich erst zuletzt!

Hole aus, spring rein
Immer mitten in die Pampe!
So soll es richtig sein
Wiederholen und von vorn, in die Pampe!

Man lebt nur einmal
Einmal ist ja bekanntlich keinmal!
Also schlage über die Strenge
Alles halb so wild, denn es ist ja keinmal!

Man lebt nur einmal also,
Scheißegal, scheiß der Hund die Wand doch an
Man lebt nur einmal –
Sagt sogar das Bild an der Wand dir an!

Um Bücher zu schreiben

Bin ich berufen um –
Bücher zu schreiben!?
Um mich auszutollen in allen
Wortbausteinen!?

Bin ich berufen zum –
Denken, Verfassen und Reimen!?
Forme ich Konturen aus,
allen meiner Weges Steine?

Bin ich berufen um –
Gedichtformate zu sprechen!?
Kann ich durch die Schreibtherapie
Verarbeiten und vielleicht vergessen!?

Kann ich mich neu entdecken
Kann ich mich neu erfinden?
Bin ich dabei mich mit Wort und Schrift
Bis Ende des Lebens mich zu verbinden?

Jeder Text, jeder Reim, jedes Gedicht
Ist etwas – was von mir, aus der Seele spricht!
Das Schreiben meine – wahrlich Medizin!
Füllertinte auf dem Blatt, Druckbuchstabe am Screen!

Ausweg

Und so liege ich wieder da
Mit meinen Sorgen und dem damit –
Verbundenem Leid! Der einzige Ausweg,
der bleibt, dass ich wieder schreib'

Es ist der Kummer der,
ohnehin schon eh in mir sitzt!
Und die stetig, ewig anhaltenden Probleme –
Wenn man erst einmal in der Patsche sitzt!

Es sind meist finanzielle Sorgen!
Ich war immer zu Vielen zu gut, immer am Borgen!
Von all dem Geliehenen keinen Cent mehr gesehen!
Liegt alles in der Vergangenheit verborgen!

So soll ich immer mein Hemd öffnen!
Blank ziehen, habe die Taschen offen!
Ich darf nur noch bezahlen für alles!
Der letzte Cent kommt aus dem Arsch gekrochen!

Woche für Woche!
Monat für Monat, die Taler am Zählen!
Brauche lediglich paar Euro für ein Medikament –
Sonst darf ich mit Asthma Bronchiale um den Sauerstoff
quälen!

Ich habe nix mehr, was ich trage –
Es ist das letzte Hemd!
Schmerz und Verzweiflung
Der im Herz und auf der Seele brennt!

In der Wahrheit leben ist hart!

Das ist alles meine Wahrheit
This is real life!
Nix gedichtet aus dem Stehgreif
Nix mal eben freestyle!

Warum verfasse ich alles jetzt?
Warum halte ich es so fest?
Ganz einfach und schnell erklärt!
Das ist das wahre Leben, keine Show –
Hier läuft nix nach Drehbuch, real verkehrt!

Das ist das knallharte Leben!
Seelischer Abgrund und man wird weiter getreten!
Ich soll bezahlen, so läuft das System!
Ist wie Roulette, nur der Teller wird sich ewig drehen!

Darin sind keine Gewinnzahlen!
Lediglich der Betrag graviert, den darf ich zahlen!
Scheißegal ob ich Geld habe oder nicht!
Gesetz ist Gesetz, Paragraph, Verordnung –
So geregelt es ist!

Aber Hauptsache;
Leiharbeit macht Reibach mit Sklavendiensten!
Hauptsache Politiker sind Spitzenverdiener!
Hauptsache euch egoistischen Wixern geht's gut!
Legt ihn mir ab und ich scheiße noch kräftig voll euren
Hut!

Gutachten

Habe in meinem Leben schon –
Zu oft, zu tiefen Stolz besessen!
Aus diesem Grund auch –
Mehr als einmal schon in der Scheiße gesessen!
Mehr als einmal, mit abgezähltem Geld
Kleine eingeteilte Rationen wochenlang gefressen!

Sollte man nicht für möglich halten!
Ich lebe doch in Deutschland, wo der Vaterstaat doch –
All so viele Scheine verwaltet!
Aber wie gesagt, zu tiefen Stolz besessen und auch –
Mehr als nur einmal in der Scheiße gesessen!

Ich habe mein Leben,
wenn man so will – eigentlich geschrottet!
Ich schreibe es hier ehrlich raus!
Ich muss der sein, der über mich selbst spottet!
Ich habe alles geschrottet, an manchen Tagen da –
Wünschte ich einfach, ich wäre in einem Raum und –
Rundherum wäre einfach alles abgeschottet!

Wie soll ich das alles denn im Leben wieder gut
machen?
Dies bedarf meinem ach so jahrelangen –
Miesen Gutachten!
So viele Gläser in Splittern
Haut, Herz und Seele stetig am Zittern!
Wie soll ich das alles jemals wieder gut machen!?
Mein Leben ist ein – miserables Gutachten!

Ich bereue

Ich reflektiere
Ich bereue!
Alles aufrichtig!
Ich schwöre, darauf ich beteure!

Ich weiß –
Kein Mensch ist ohne Fehler
Aber die, die ich machte
Die macht halt auch nicht jeder!

Geld verloren
In den Sand gesetzt
Seelen-Crash, Psyche geschrottet
Wenig Glück dazu viel Pech!

Ich nehme mich selbst –
In die Mangel
Weil ich dies tun muss!
All diese Zeilen bleiben über, nach dem Schluss!

Dies sind oft einsame –
Harte und schmerzhafte Stunden!
Denn ich bereue und bohre
In mir, in jeder meiner Wunde!

In der Wahrheit

Ich lebe in der Wahrheit
Nicht an ihr vorbei
Von Angesicht zu Angesicht
Auf kurzer Distanz sind wir Zwei!

Hart und direkt
Wahrhaft und ehrlich
Manchmal brennt die Luft
Das Leben oft am Limit und gefährlich!

Mein Programm, mein Motto –
Entgegen der Zeit
Alles was war,
es so geschrieben stehen bleibt

Vergangenheit ist geschehen
In der Gegenwart ich stehe –
In die Zukunft,
wie des Windes Richtung, wohin ich gehe!

Die Wahrheit
Sie ist ein hartes Brot
Wie die Aussicht nach Rettung
In schwerer Not!

1000 Boote auf dem Meer
Segeln und treiben so umher
Der Leuchtturm, doch stets der Anker!
Rettungsinsel, ich steuere meinen Tanker!

Sammelwerke 2021 – Entgegen der Zeit
Gedankenmomente: Abschnitt 2

Gedichtform
Nur mal so eine These
Wieder fliegen
Trag doch nicht immer Schwarz!
Das Vöglein und der Schneemann (Winter-Gedicht)
Dautphetal
Schnee fällt
Auf die Zeit
Blumentopf
Religionsunterricht
Das Leder
Aus Marburg #1
Die Würde
Gesundheit
Abschlussball
Treu dem Dienst erwiesen
Seine Geschichte
In diesem Land (Rap-Part)
All die…
Düstere Zeit (als Rock-Song gedacht)
In aller Verdammnis (als Rock-Song gedacht)
Mein geliebtes Kind
Arschgeweih
Die Fratzen am Ende der Kette
Aus Marburg #2
Sommermoment
Los & an
Die Zukunft

Ich habe Angst
Werke verrichten
Ebbe und Flaute (Klamauk)
Ungespitzt (Klamauk)
Fahranfänger-Auto (Klamauk)
Eure Nachbarschaft (Hommage an kritische Bands)

Gedichtform

Zeile für Zeile
So steht der Reim
Bestimmt so die Gedichtform
Ganz herrlich fein

Das Gedicht, die Poesie
Ausdrucksstark
Begleitet mich seit langer Zeit
Von Tag zu Tag

Das Verfassen von Wörtern
Das Schreiben
Ein großer Teil meines Lebens
So soll es bleiben

Im Weltchaos
Wenn alles untergeht und sinkt
Ist es Zeile für Zeile
Die mir neue Hoffnung bringt

Im Jahre 2006
So fand ich den Draht zur Dichtkunst
Trennen!?
Nein, dies kann man – nicht uns!

Denn du bist mein Leben, mein Halt!
Schreiben möchte ich, bis in die Tage, in denen ich
werde – grau und alt!

Nur mal so eine These

So wie heute ergeht es mir
An den meisten meiner Tage
Laufe alleine im Gefecht mit meiner Depression
Durch die Gegend, durch die Straßen
Mein Kopf der rattert, ich denke zu viel nach
Weil die Depression mir zu schaffen macht!

Jetzt ist es noch Winter, beißende Kälte
Schmuddelwetter, keine Sonne in Sicht
Diese kalte und graue Jahreszeit
Sie fühlt und spürt Gewiss, auf sie meinen Verzicht
Und so komme ich an diesem Sonntag
Mal zu folgender These
Ich als Gläubiger, der ich doch in der Bibel lese

Vielleicht bin ich verrückt
Doch was macht es denn schon?
Ich komme zu dieser These –
Bedingt meiner langjährigen Depression!
Jesus Christi hing am Kreuz
Darum meine Gedanken, ich schreibe sie auf
Hiermit spreche ich sie auch nun zu euch

Was ist wenn;
Die Depression Gottes Verteilung unter den
Menschen ist, welche Jesus für uns in Kauf nahm,
weil er für unsere Sünden gegangen ist!?
Denn Jesus hat gelitten am Kreuze und die
Depressionen sind Leid, Kummer und Sorgen

Oft ist man betrübt und hat wenig Hoffnung und schlechte Aussicht auf einen neuen Morgen!

Wie gesagt, dies ist bloß eine These
Nichts, was ich der Bibel bei dichte oder aus ihr ablese!
Meine Depression ist weder wegen Luxusgegenständen, noch dass ich zeigen muss was ich besitze oder ach so Tolles kann!
Meine Depression wird hervorgerufen, weil ich in dieser Gesellschaft ersticke, weil jeder zeigen muss und sagt, dass man ohne die Norm und den Druck vom „Muss" nicht hier leben kann!

Leid und Schmerz bringt dies alles hervor!
Und ich denke nach in meinem Leben –
Mehr, noch mehr als jemals zuvor!
Doch was soll's, laufe ja eh alleine durch die Straßen, weil so Tage wie heute, mir zu schaffen machen!

So schreibe ich diese These –
Denkt drüber nach, wenn ihr sie leset
Streicht sie und vergesst sie,
waren bloß Gedanken, doch in diesem Buch erhalte ich sie!

Ich frage halt immer nach einem Lebenssinn –
Denn auf der Suche nach ihm, ich immer und mein Leben lang ich doch bin!

Wieder fliegen

Ich hatte so viele Träume
Ich wollte etwas erreichen
Flügel gebrochen, viele Ziele –
Konnte ich alle von der Liste streichen!
So oft zu Boden gefallen
Der Grund, er kann mich nicht mehr tragen
Denn ich will wieder fliegen
Doch ist schwer mit so viel Kummer in diesen
Tagen!

Was trägt es denn für einen Wert, so ein scheiß
Leben!? Wenn du nix hast –
Kein Geld, keine Mittel
Bleibt etwa nur, die Bibel und das Beten!?
Ich laufe immer schon –
So nah an der Existenzgrenze!
Der Grund, warum ich schlecht schlafe!
Sorgen und Gedanken, jeden Tag den ich kämpfe!

Jeden Tag pumpe ich doch Kaffee gegen den –
Alltäglichen Kopfschmerz!
Gehe spazieren an der Luft gegen –
Negative Gedanken und den Herzschmerz!
Manchmal scheint es mir, als gäbe es –
Gar keinen Ausweg!
Schicksal, Bestimmung –
Mein Leben, das am Ende so drauf geht!

Trag doch nicht immer Schwarz!

Ich sehe kein Licht, kein Licht in mir drin
Kein Licht das scheint!
Es ist so finster in mir, selten nur –
Dass die Sonne hier mal scheint!

Düster und dunkel, so war es –
Die meiste Zeit auf meinem Weg!
Nur der Schatten er war dunkler
Bei jedem Schritt den ich geh'!

Jahre zogen daher
Wie verbranntes Land
Zu ernten gibt's nix mehr!
ich stehe hier mit leerer Hand!

Und sie sagen zu mir;
Trag doch nicht immer Schwarz! Ziehe mal Farbe
an!
Doch schwarz und weiß, es ist alles was ich kann!
Hättet ihr erlebt, was ich erleben musste
Doch ihr habt keine Ahnung!
Nichts von dem ihr doch jemals wusstet!

Heute trage ich Schwarz, manchmal auch Weiß!
Weil ich nicht vergesse, was ich erlebte, was ich
weiß! Meine Lyrik, sie führt mich – auf zu neuer
Epoche! Schwarz auf weiß, so steht's und so,
wird es auch hier gesprochen!

Das Vöglein und der Schneemann

Das Vöglein es hüpft und springt
Auf dem schneebedeckten Grund
Bis es doch entdeckt –
Den Futtergruben-Fund

Der Schneemann einst
Auf der Grube steht und lächelt fein
Des Vögleins Futtersuche,
ihm ist doch nicht bekannt und er lächelt doch nur,
in der Winterzeit

Das Vöglein jedoch erfreut sich
Wenn der Frühling wieder scheint
Dann schmilzt jedoch das Schneemannherz
Weil es warm ist und –
Somit auch nicht mehr schneit

Dautphetal

Diese Landschaft, sie liegt so still
Wie ein Gemälde, wie ein Bild
Wo die Bordsteine um sieben –
Doch schon hochgeklappt sind

Alles klar –
In Dautphetal!?
Seit jüngster Kindheit, deine Straßen
Die ich befahr'
Vertraute Heimat im Hinterland
Fern so großer Städte –
Hier im Dorf und hinter dem Wald

Wo die Laternen um elf ausgehen
Und wo der Mond und die Sterne –
In Dunkelheit bis zum Morgen dann –
Schlafen gehen

Unser kleines Dautphetal
Wo ich aufwuchs in Kindertagen
Die Gemeinde, gelegen im –
Landkreis Marburg-Biedenkopf

Schnee fällt

Ich sitze hier drin
Schaue zu wie der Schnee fällt
Wie er das Gras bedeckt –
Er bedeckt Wege und jedes Feld

Gedanken und Momente
Die im Augenblick vorbeiziehen
Tränen, Trauer und Schuld –
Egal wo ich auch hinsehe!

Ich muss weiter, weiter –
Auch trotz der Depression!
Immer weiter, weiter –
Nach der letzten Endstation!

Der Kampf in mir drin
Das Gefecht im Innern, welches ich führe!
Ich würde mir wünschen,
es gäbe diese eine Türe!

Raus aus dem Elend –
Aus dem Mist, aus dem Leid!
Warum ist sie so hart und trübe,
meine ganze Lebenszeit!?

Auf die Zeit

Ich gedenke
Zu meinem Ziel hin zu rennen
Und für all
Meine Träume auch zu brennen!

Auf;
Die Vergangenheit
Die Gegenwart
Und auf das –
Was noch kommen mag

Blumentopf

Pfandflaschen, Pfanddosen
Pfand holen
Pfand finden, Pfadfinder
Patenkinder

Randfigur
An der Wand die Uhr
Und anhand der Spur
Gib mit deiner Hand die Signatur!

Küchenzeile, Kopfzeile
Windeseile
Brückenpfeiler, Topf und Eimer
Es stoppt der Timer!

Blumenkopf, Tulpenkopf
Blumenbeet
Blumenkohl, Rosenkohl
Blue ist der Planet!

Religionsunterricht

Im Wal die Bäume
Äste, Sträucher und Gestrüpp
Felder, Wiesen, Blumen –
Wurzelzweige und das Gebüsch

Sommerwärme
Winterskälte
Frühlingserwachen
Herbstgemälde

Obststreuwiesen
Kühe und Pferde auf der Weide
Es wurde geschrieben,
an die Tafel mit der Kreide

Spaziergänge
Unterricht im Freien, Schulausflüge
Die Natur so herrlich
Die Landschaft im Farbgefüge

Religionsunterricht Klasse 3 + 4
Eine schöne Zeit
Es ging raus aus dem Klassenraum
In die Wälder, Wege weit!

Das Leder

Da rollt das Leder
Es tritt ein Jeder,
das Leder über den Rasen
Über das Feld
Mit dem Ziel das Tor

Da rollt das Leder
Es trifft sich ein Jeder,
auf dem Spielfeld
Um zu treten das Leder
Mit dem Ziel –
Ein Tor zu schießen!

Und dann
Der Pfiff!
„Skkkrrriiiiii"

Es gibt 11 Meter!
Da liegt das Leder
Es tritt ein Jeder Stürmer –
Und trifft ins Tor

Aus Marburg #1

Aus Straßenschildern und Plakaten
Entstanden die untenstehenden Reimformate
Aus Marburg…

Baustelleneinfahrt
Privatparkplatz
Feuerwehrzufahrt
Container für Braunglas

Wir sind so 80er

Abstand rettet Leben überall
Autoaufschrift Kundenberater
Masken tragen und Abstand halten
Zugang zur Sternwarte

Nur mit Parkschein
Mülleimeraufschrift – SAUBERE STRASSEN –
Residenz Seniorenheim
Kein Winterdienst, Gesundheitsamt
Lucas-Leopold-Straße, Schild gerade aus zur Bank!

Wir sind so 80er

Haltestelle Rudolphs-Platz
Autohaus, Erwin-Piscator-Haus
Südviertel, Stadtwerke
Marburg Erlenring, Klinikum Lahnberge

Die Würde

Die Leiter rauf ist immer schwerer als –
Der Fall in die Grube
Denn runter geht's schnell, als –
Drückst du mit Blei auf die Tube!

Sollte irgendwann der Tag mal kommen
An dem ich mehr als genug Kohle hab'
Brauchen die falschen Freunde gar nicht
angekrochen kommen, ich gib ihnen nix ab!

Außer von der Scheiße –
Die ich aus meinem Arsch für sie kack!

Mein Kind, meine Familie
Sind die, für die ich meine Hand ins Feuer legen
würde!
Der Rest von den falschen Hunden sind Ratten!
Unter meiner Würde!

Sie haben im Leben nix erreicht!
Außer meiner ganzen Feindseligkeit!

Schreibe ich dies
Schreibe ich dies nicht
Habe lange überlegt, doch empfinde
Dieser Text, er verdient das Tageslicht!

Gesundheit

Druck auf der Brust
Unzufrieden, Lebensfrust
Hektik, Stress, Kummer und Sorgen –
Nehmen mir die Sicht auf den Morgen!

Alles wird gut, alles geht vorbei
Auch der Schmerz, nicht für immer bleibt!
Gegen all das Treiben in der Seele
Ist der Stift, der das Gegengewicht ausgleicht!

Mein Leben bröckelt vor sich hin
Frohen Mutes zerstört es Herz und Sinn!
Der Schmerz trifft auf jeden Nerv
Der nächste Stein der fliegt, ich ihn werf!

Die Lunge sie schmerzt mir so sehr
Nerven kribbeln immer mehr!
Beschäftigt mit meiner Gesundheit
Ich will doch nur gesund sein!

Das Leben macht mir das Leben schwer!
Meine Zeilen dienen lediglich zur Gegenwehr!
Die Lunge schmerzt, der Atem stockt
So viel in Scherben, so viel verbockt!

Abschlussball

In meinem Kopf
Da ist ein Abschlussball
Nerven überreizt
-Gedankenknall-

Die negativen Schwingungen
Sie scheppern wie Musik
Der Bass ist so stark
Es dröhnt wie nie!

Das ist meine aktuelle Lage
Zustandsbeschreibung
Keine Pause, weiter im Takt
Kein Pflaster, keine Wunderheilung

Es macht nur
BUM-CHAKKA-CHAK!
Das ganze Leben und das Denken –
Es fuckt mich ab!

Ermahnung, Reklamation
Rechnung, Belehrung – die Situation
Beheben, Maßnahme ergreifen
All gegen den Dreck – dies hier schreiben!

Treu dem Dienst erwiesen

Immer und stetig
Treu dem Dienst erwiesen
Bis zum „Geht nicht mehr"
Nerven am Arsch, miese Wurzeln –
Die da aus dem Boden sprießen

Immer alles getan und gemacht
Alles gegeben ohne Rücksicht auf Verluste
Burnout, Depression –
Lebenstotalschaden, getrieben in den Frust!

Immer gemacht und jedem geholfen
Jetzt liege ich einmal wieder mehr im Dreck!
Und all die Geholfenen, keine Spur von ihnen
Die sind über alle Berge so weit weg!

Das ist keine Geschichte,
die bloß erfunden ist!
Diese schrieb und schreibt das Leben –
Nach einem Drehbuch, welches echt beschissen ist

Am Arsch ist schon das Gejammer
Dunkel jede Besenkammer!
Leichen werden im Keller verscharrt!
Das Leben schmeckt bitter und ist hart!

Seine Geschichte

Jeder schreibt hier
Seine eigene Geschichte
Ob in rauen Zeilen oder –
In feinsten Gedichten

Innerlich bin ich
Schon längst gebrochen
Doch noch tragen sie mich
Wenn auch unter schwerer Last – meine Knochen!

Meine Seele hat gelitten
Mein ist gefickt, ist im Arsch!
So als ob der Rabe –
Daran pickt und daran nagt!

Keine Ahnung wohin noch
Die ganze Reise geht
Sie wird immer schwerer mit jedem Felsen
Der doch im Wege steht!

Zwischen aufgeben und weiterkämpfen
Ist so oft doch nur ein schmaler Grat!
Doch verdammt, ja ich bleibe dran –
Bis zum allerschwersten Grad!

In diesem Land (Rap-Part)

Einmal im Leben, in diesem Land –
Auf einer großen Bühne stehen
Und;

All den Frust, den Ärger, den Kummer, die Wut –
Die mir das Leben hier schenkte
Raus – kotzen, raus – boxen, raus – schreien und
Raus – schlagen
Alles raus – aus diesen;
Verdreckten, verkackten, verfickten, all den –
Beschissenen Dreckstagen!

Gegen all das Leid, gegen die schwere Zeit
Gegen meine Stunden in Angst und Qual
Unter der Depression – die mich ständig jagt –
Einmal den Wichsern da oben dies hier sagen
Und sie müssen es hören, denn sie –
Haben keine andere Wahl!

Ihr erstickt uns hier unten
Tragen für euch Löcher im Herzen
Und es brennen die Wunden
Immer tiefer sinkt man, es werden dunkler die
Stunden!

Dies hier ist kein Gangster-Rap-Shit Text!
Dies ist die Wahrheit, die weh tut und verletzt!

All die…

All die Wälder und die –
Blühenden Gräser und
Die Berge und die Täler
Sie ergeben das Landschaftsgemälde

All die Vögel und die –
Wolken am Himmel ziehen
Sind wie Gedanken, die –
Schweben und wieder fliehen

All die Sterne die da –
Oben am Firmament so funkeln
Es sind Lichtmomente bei all –
Den Schatten und im Dunkeln!

Düstere Zeit

Kummer und Sorgen
Qual und Schmerz
Zerrissen, gelitten ein einst so –
Liebevolles Herz!

Im stummen Schrei
Bin ich einst versunken
Ohne Sicht nach Rettung
In reinem Leid ertrunken!

Fernab des Glückes –
Und jeglicher Zuversicht
Die Dunkelheit meines Weges
Verschlingt restlos jedes Licht!

Das Leid es nährt –
Von meiner Lebenszeit!
Land unter! Schnell geht's runter!
In voller Geschwindigkeit

Kein Haltegriff
Nur Not am Mann
Tiefer wie ein den Abgrund
Man nicht fallen kann!

Ich schreibe nicht im Thema
Falle auch nicht in ein Schema
Es ist ein Hilferuf auf hoher See
SOS-Signal, euer Kapitän und Seemann!

Rau ist der Sturm
Und unruhig ist die See
Nichts mehr im Lot!
Kein Rettungsboot, das ich hier seh'!

Unter all dem Hass und Schmerz
Habe ich Traurigkeit begraben –
Tiefe Schnitte, alte Wunden
Alles alte und zur Ruhe gelegte Narben

Längst schwarz-weiß
Und ins Grau verblasst
Dennoch sichtbar –
Wenn auch nicht mehr in vollen Farben

In aller Verdammnis

Ich stand im Feuer
Im Gefecht mit des Teufels Brut
In aller Verdammnis
Habe gebrannt in aller Höllenglut!

Kochendheiß so schmerzerfüllt!
Sah Engelsflügel zu Staub zerfallen
Nie zuvor so ein Brennen gefühlt
Als zerreißen mich 1000 Krallen!

So oft im Leben schon gekämpft!
Mit mir selbst und mit dieser Welt!
So oft teuer dafür bezahlt, zu verlieren gibt's nix
mehr – wenn man erst einmal fällt!
Doch du musst wieder aufstehen –
Du darfst niemals liegen bleiben
Wir haben Füße um zu gehen, denn wir –
Wir kriechen nicht auf unseren Beinen!

Manchen Kampf bestritten
Auch verloren, doch ich kam zurück!
Bei jedem Niedergang
Ging doch nach oben immer mein Blick!

Zu Boden geknallt, schmerzerfüllt!
Bin mehr als einmal nur gefallen!
Doch den Siegesdrang habe ich gefühlt!
Man muss sich an die eigene Stärke krallen!

Hart und bitter ist es
Zu verlieren!
Schlimmer aber liegen bleiben
Zum Krepieren!

Tief gefallen, doch aufgeblickt!
Auch verloren, doch ich kam zurück!
Niedergang und Auferstehung –
Es ging nach oben – mein Blick!

Mein geliebtes Kind

Auch ich –
Bin nicht fehlerfrei,
mein geliebtes Kind
Nur weil ich dein Vater bin

Auch ich –
Ging meine Wege
Machte meine Fehler, welche mich
Einst auch belehrten

Es ist nicht richtig
Dass du gehen musst die Wege
Bloß weil andere sie gehen!

Du musst deinen eigenen Weg gehen
Deinen eigenen Weg für dich finden
Dafür wünsche ich dir –
Alles Liebe, nur das Beste, all das
Was du dir nur vorstellen kannst,
dies wünsche ich dir dabei von ganzem Herzen!

Und egal was passiert –
Was geschieht und was bricht –
Und was scheppert und gegen dich spricht
Ich lasse dich –
Solange ich lebe
Niemals, niemals im Stich!

Arschgeweih

Covid19 – Pandemie
Lockdown, Begrenzung
Sperren, ein jeder Politiker hat was zu melden
Oh! Welch ein brillantes Genie!

Jeder von ihnen
Weiß immer alles besser, als der Andere!
Dies ist der Grund –
Warum wir im gekonnten Chaos wandern!

Pandemie
Stoffmasken verkauft wie nie!
OP-Maske und FFP 2
Sind ausgelutscht wie das Arschgeweih!

Kann diese 3 Buchstaben
In Verbindung mit der 2
Echt nicht mehr hören und sehen!
Da wird mir ganz anders, wenn ich dabei noch –
All die Fratzen der Politiker noch seh!

Jeder spielt den Helden
Als ob nur seine Gebote gelten!
Die Industrie läuft weiter und ist im BOOM!
Der Mensch geht unter, blind – schon lange im
Konsum!

Die Fratzen am Ende der Kette

Willkommen im System
Im Klassen- und im Schichtmodell
Schau hinaus und sag, was kannst du sehen!?
Ich bin gespannt, will deine Antwort hören!

Wir werden behandelt, verhandelt –
Das Leben dieser Welt es wird verschandelt!
Ganz oben sind die Fratzen, am Ende der Kette!
Hier unten verwalten sie uns –
Am Ende der Nahrungskette!

Lug und Betrug, so arbeitet man sich nach oben!
Fleiß und Ehre wird getreten in den Grund!
Wer oben ist, hat das Sozialverhalten ausgehebelt!
Treten auf uns hier unten, so wird es geregelt!

Wir dürfen lediglich bezahlen und –
In den sauren Apfel beißen!
Während sie da oben fressen und saufen,
von goldenen Tischen, auf diese würde ich allzu
gerne einmal kräftig scheißen!

Ironie und Sarkasmus
Das ist so eine Sache für sich
Lieber doch ich spreche Tacheles
Dies erfüllt absolut, den Sprachgebrauch für mich!

Aus Marburg #2

Spiegelslust, Kaiser-Wilhelm-Turm
Eingang, Ausgang, Plakate ankleben verboten
Oberstadt am Markt
Pilgrimstein-Aufzug, von unten geht's nach oben

Hotel, Parkhaus, Kino
Tourist-Info, Stadtmarketing
Halteverbot, Bushaltestelle Schwanhof
Stopp! Die Ampel ist rot!

Kaufmännische Schulen
Adolf-Reichwein, Messeplatz, Afföller
Marburg b(u)y night –
Lichtershow, Raketen und Böller!

Elisabeth-Kirche
Elisabeth-Markt
Konrad-Adenauer-Brücke führt über –
Die Wiesen der Lahn

Schloss-Park, Ockershausen
Hohe Leuchte
Mein Gruß aus der Stadt Marburg,
er geht raus, an alle Leute!

Sommermoment

Ich höre die Tropfen des Regens
Spüre die Stille vom Tag
Versunken in Gedanken und Träumen –
Aus denen ich nicht mehr erwachen mag

Alles zieht vorbei
Durch den Wind, über den Asphalt
Mitten im Winter ein Sommermoment
Erwärmt das Herz – welches doch ist, so kalt!

Los & an

Neue Tage, neue Momente
Neue Augenblicke
Neues bricht los und an
Neue Fragen in anderen Worten
Neues erfahren an anderen Orten
Erinnerungen für jetzt und dann

Die Zukunft

Was ist geblieben?
Was ist gezogen mit dem Wind?
Was steht geschrieben –
Was die Zukunft noch so bringt!?

Wird alles was einmal endet –
Irgendwann doch mal fortgesetzt?
Wird jedes Blatt einmal gewendet?
Oder bleibt es liegen wie man es verlässt!?

Fragen über Fragen und –
Sie nehmen nie ein Ende!
Fragen über Fragen und –
Die Antwort leerer Hände!

Ich habe Angst

Ich habe Angst –
Meinem Leben nicht gerecht zu werden
Ich habe Angst –
Vor unerfüllten Träumen zu sterben

Ich habe die Angst –
Die größte ist die, vor dem Versagen!
In aller Angst –
Mich mit dem Leben zu vertragen!

Werke verrichten

In mir;
Wenn der Denker und Dichter
Seine Werke verrichtet
Dann geht es ihm, also somit mir gut!

Doch macht man dem Denker und Dichter
Seine Zeit zunichte –
Dann kommt die Depression,
also somit meine Wut!

Ebbe und Flut

Bin ich Kapitän aller Bücher?
Nix ist paletti!
Nur die Träume in trockenen Tüchern!

Hier herrscht bloß
Ebbe und Flaute!
Hier ist nix los –
Es fehlt der Antrieb jeder Schiffsschraube!

Doch was solls; -

Ich trinke die Fässer leer –
Die voll sind, mit Rum und Wein!
So herrlich und vollmundig
Schmeckt das Leben fein!

Tröpfchen Lyrik, Schluck Poesie
Ich bin der Dichter –
Ohne Worte bin ich doch nie!
Zu allem Klamauk
Mache ich noch dazu eine Flasche auf!

Fässer und Flaschen geleert
Der Dichter wieder vom Wort sich nährt
Ein hoher Genuss!
Ist all dieser Verzehr

Ungespitzt

Halb dafür und
Halb dagegen
Zu viel von allem
Das geht voll daneben!

Wo ich mich –
Positioniere!?
Na hoffentlich da,
wo ich nicht den Halt verliere!

Was ich von der –
Politik und Wirtschaft halte?
Von der Politik gar nix!
Von der Wirtschaft, so wie es der Wirt –
Dann halt gestaltet!

Ob ungespitzt –
Oder geschliffene Kante
Der Whiskey in der Kehle
Der jede Bakterie verbrannte!

Ob rosarote oder
Schiefe Brillen –
Schlecht ist die Sicht,
in beiden Fällen!

Fahranfänger-Auto

Wie all die Leute
Ihre fetten Karren –
Zum Einkaufszentrum
Spazieren fahren!

Dabei sammeln sie –
Die Blicke der Neider und Narren
Stück für Stück, die sie –
Dabei erwischen und erhaschen!

Dann komme ich auf den Hof gefahren,
mit meinem Fahranfänger-Auto!
Und sie staunen nicht schlecht!
Denn, ich breche das Geschwindigkeits-Limit-
Tempo!

Eure Nachbarschaft

Ich höre furchtbar gerne Rockmusik
Ich bin heavy metal drauf!
Der Genuss aller Musik entfaltet sich –
Wenn du drehst den Regler bis hinten gegen auf!

Ich passe nicht –
In eure Nachbarschaft!?
Weil ihr aus euerm Leben nicht das,
was ich aus meinem mach!

Heavy Metal und Rock
Es erklingt in meinen Ohren die Musik!
Feinste Noten und derbe Schläge
Schwermetall, Gitarrenklänge!

Euch passen weder
Text noch Klang vom Lied
Der Grund warum –
All ihr eure Fenster schließt

Wahre Noten so einzigartig –
Stimmen an den Ton in jeder Zeile
Die Wahrheit der Rockmusik
Widerspricht wohl eurer fiktiven Weltenseite

Sammelwerke 2021 — Entgegen der Zeit
Gedankenmomente: Abschnitt 3

Geduld (dunkle Lyrik)
Tagesträume
Entdeckung
Desto Künstler
Limit
Auf dem Erdgrund
Fälschlich oder echt
Vom Traum
Ein Sturm zieht auf (Song-Text)
Geheimnis eines Traums
Schlechte Kleidung (Flashback)
Schmetterling
Motorenbrüder
Marburger Gedichtlein
Utopie – Nur eine Theorie
Glaskugel
Rat
Fabrikat
Bessere Zeit
Natura
Diese Wintertage

Zu deiner Ehre (Nachruf)

Geduld

Wer – hatte die Geduld
Bis hier her, mit mir – auf diesem Weg?
Wer – hat bei Zeiten
Mir den Rücken zugekehrt!

Allein – letzten Endes, allein
So stehe ich hier!
Und ich ging, durch Leid, durch Scherben
Durch alle Ecken der Dunkelheit!

Wer – war nur Freund in,
guten Tagen und besten Zeiten?
Und wer – hielt zu mir –
In meinem Kummer und den Traurigkeiten?

Feuer!
Kerzenlichter sollen brennen
Auf allen Wegen,
die ich lief um sie endlich zu erhellen!

Feuer!
In der Hitze – Angst erstick!
Tief in mir,
da will ich sie am Strick!

Angst, Qual und schweres Leid
Begleitet mich so lang und weit!
Himmelfern und himmelweit -
So ziehe ich durch finstere Unendlichkeit

Tagesträume

Seit vielen Jahren meines Lebens
Bin ich schon ein Träumer
Ich machte mich so oft zum Narren
Groß waren meine Träume, Fragen die ich hörte
„Na! Träumst die wieder mal"!?

Heute schaue ich auf die Lebensjahre
Auf all die Texte vieler Tage!
Was habe ich gesetzt und was verloren?
was ist mir entgangen, was aus mir geworden!?

Ich komme zum Fazit
Ich habe nicht viel erreicht!
Aber noch ist Zeit –
Bevor sie komplett verstreicht!

Bleibe ich nur ein Lebensträumer?
Oder erfüllt sich doch einmal mein Traum?
Zweifel und gebrochener Glaube, manches Mal –
War öfter schon ja, ihr glaubt es kaum!

Tagesträume und Augenblick-Gedanken
Diese halten mich am Leben!
Muss verfassen, all das was ich fühle
Um Erfüllung mir zu geben!

Entdeckung

Ich schreibe, ich teile aus –
Geht in Deckung! Ich haue drauf!
Aber nur auf diese miese
Auf diese gewisse Sorte!

Denn;
All die guten und lieben Menschen, diese –
Verdienen Mut und Zuversicht meiner Worte!

Desto Künstler

„Je mehr unvoreingenommen
Und je weiter der Horizont –
Desto Künstler wirst du sein"

Mein eigenes Lieblingszitat in diesem Buch, Christian
Hofmann

Limit

Die Zweifel setzen das Limit, die Angst hindert den
Schritt –
Dein Weg liegt vor dir, habe den Mut, betrete ihn
Die Reise geht los, von hier!

Auf dem Erdgrund

Nebelrauch steigt auf
Es liegen nach den Gefechten,
nur noch Waffen und Menschenhüllen –
auf dem Erdgrund auf!

Zerrissene Fahnen –
Von denen keine mehr wehen
Nur Kinder und Frauen der Soldaten
Die um die Heimkehr ihrer Männer flehen!

Warum führt der Mensch –
Auf Erden, Kriege!?
Warum streut und sät er Hass –
Fürchtet er die Liebe!?

Ist das Gewissen von Gier,
denn schon so verdorben?
Ist er nur gewillt am Besitz!?
Und darum, hier nur am Morden!?

Fälschlich oder echt!?

Ich denke nach und zerschlage mir –
Den Kopf und manche Nächte!
So viele Gedanken passen / passen nicht!
Sind fälschlich oder echt!?

Ich bin ein Denker fürs Leben!
Sehe all die Großartigkeit,
doch mit wem, kann mein ICH –
denn ausgiebig hier reden!?
Ich, der Dichter und Schreiber
Verfasst Zeilen und Gedichte
Habe die Bühne als mein Werkzeug
Doch, was bleibt erhalten, was wird zunichte!?

Mein Einfühlungsvermögen, es ist stark ausgeprägt!
Ich packe die Freude ein, doch –
Fesselt mich auch der Schmerz,
der mich unbeschreiblich-lang schon quält!
So befasse ich mich mit mir, - meinem Leben, -
Meiner Wahrheit – meinem Sein!
Licht und Schatten, hell und dunkel –
Alles ist da, zugleich!

Was hat die Schule gelehrt?
Was haben Fehler doch belehrt?
Alles in allem, so viel los im Kopf!
Ich mache alles wohl nicht so bemerkenswert!

Vom Traum

Hast du geglaubt –
Es wird dein Traum,
eines Tages Wirklichkeit!?
Bist du gewillt –
Alles für diesen Traum,
zu tun in deiner Lebenszeit!?

Ist dir bewusst, es kostet Kraft –
Und es kostet Mut,
sowie Geduld und auch von deinem
Schweiß und Blut!
Hast du die Kraft –
Die Ausdauer, welche du –
Für diesen Traum,
auch wirklich brauchst!?

Nun sitze ich hier –
Und ich führe ein Monolog mit mir!
Ich kontrolliere meine Lage,
was ich träumte, wollte, dachte und sage!

Ja ich habe daran geglaubt!
Denn Erfüllung spüre ich bei diesem Traum!
Und so oft, glaube mir – stand der Glaube –
Auch schon so in manchem Zweifel!

Glaube und Traum waren oft am Schwanken!
Jetzt sitze ich hier und ordne die Gedanken!

Ein Sturm zieht auf

Intro/Refrain: Immer, wenn ein Sturm aufzieht
Dann stößt er vor mit einem Lied
Mit aller Kraft der Elemente
Feuer, Wasser, Wind und Erde

Helle Lichter blitzen auf
Donnerschläge im Wellenlauf
Es fegt der Wind
Es peitscht der Sturm
Wilder Regen und er
Steht auf dem Aussichtsturm!

Und das Wasser, ja es steigt
Flutet die Erde, augenscheinlich weit!
Der Regen prasselt nieder
Auf das Gestein
Gewitter, Blitz und Donner –
Mutternatur, sie muss böse sein!

Wenn sich dann der Sturm sanft legt
Und er ohne Kraft, dann durch die Felder fegt
So bring der dann
Trockenheit aufs Land
Es zündet sich ein
F-E-U-E-R-B-R-A-N-D

Hoch schlagen dann die Flammen auf
Fegefeuer – im Wellenlauf
Es brennt so heiß
Im Feuersturm
Verbrannt ist die Erde
Zu sehen vom Aussichtsturm!

Geheimnis eines Traums

Es fühlen seine Hände
Dann sind die Sinne ganz betäubt
Wenn die Gedanken ihr Ende finden
Dann erwacht er aus seinen Träumen

Was hat er berührt?
Was hat er gesehen?
Welche Sehnsucht hat er verspürt?
Wonach wird er sich sehnen?

Und es bleibt ein Geheimnis
So tief verborgen in jenem Traum
Ohne Ausweg an die Oberfläche
Geheimnis eines Traums!

Wohin wird er flüchten
Wenn er angekommen ist im Traum?
Süße und verbotene Früchte?
Es bleibt das Geheimnis eines Traums!

Immer, wenn die Wolken –
Wie Schatten vor das Mondlicht ziehen
Und wenn die Sterne schlafen gehen
Dann fühlen seine Hände bis, die Gedanken ihr
Ende finden!
Geheimnis eines Traums!
Geheimnis eines Traums!

Schlechte Kleidung

Schlechte Kleidung –
In kalter Jahreszeit
Kein Geld, nur Turnschuh!
Bei und Wetter – und es schneit!

Dieses Textgeschehen
Ist entfernt schon Tage weit
Billiglohn – Hohnverdienst
In Leiharbeit!

Diese Erinnerung an jene Zeit
Furchtbar schrecklich und nicht schön!
Teil der Wahrheit, meiner –
Aus dem Jahr zweitausendzehn

Dieser Text ist ein Gedankenmoment
Ein Flashback!
Zum Glück lange, lange her – aus einer Zeit
Mit viel Mist und Scheißdreck!

Schmetterling

Durch den Frühling fliegt ein
Schmetterling
Er folgt dem Duft des Lebens
Erfüllt mir Frohsinn

Auch die Wolken ziehen
Hoch oben am Himmel weit
Das Leben spüren –
In Ruhe und Gelassenheit

Und auch die Sonne lacht
So herrlich fein
Das Leben blüht im
Sonnenschein

Motorenbrüder

Wir sind Motorenbrüder
Ziehen durch die Straßen jener Nacht
Durch das Dunkel bis ins Morgenlicht
Bis ein neuer Tag erwacht

Motorenbrüder
Gedanken die mich durch die Straßen ziehen
Auf hohen Touren
Durch unsere Adern fließen Blut und Benzin

Ist der Kopf zu voll und –
Schlaflosigkeit tritt ein
So fahren wir Motorenbrüder
Durch die Straßen, sind niemals allein

Du kennst meine Wege
Denn sie sind schon so lang vertraut
Über Asphalt und durch Pfützen die wir fegen
Dein Herz der Motor, meins unter der Haut
Und die Wege und die Straßen sind –
Uns seit jener Zeit so lang vertraut

Ich fahre aus Gedanken
Mein Herz, es muss die Freiheit fühlen
Dich fahre ich – zum Betanken
Motorenbrüder, sie müssen die Reifen unter dem
Hintern spüren!

Marburger Gedichtlein

Ich bewege mich im
Warmen Sonnenschein
Die Sonne, sie lächelt freundlich –
In diesen, noch so jungen Tag hinein

Die Lahn sie fließt
In der Strömung fein
So schreibe ich dieses
Marburger Gedichtlein

Die Schwäne, Tauben und
Auch die Enten
Versammeln sich an den Lahnwiesen, in diesen
Sonnig-kalten Wintermomenten

Und hoch oben am Himmel
Sind Wolken klar zu sehen
So schön hellblau, ist er erstrahlt
Ich nehme mir Zeit, für einen Gedankenmoment –
Er dürfte nie vergehen

Utopie – Nur eine Theorie

Die Zeit sie fließt
Was bleibt!?
Leben wir nur dieses Leben?
Sind wir gebunden an Raum und Zeit?

Ich überlege schon sehr lange
An einer These, Theorie –
Wahrscheinlich ist sie aber doch,
nur eine Utopie

Doch ich denke darüber nach
Und so stelle ich mir vor
Kommen wir zurück auf diese Welt –
Nur als andere Person!?

Denn ich schreibe Texte voller Leidenschaft
Das ist mein ganzes Handwerk
Ich bin ein Denker und ein Dichter
War ich früher vielleicht Goethe oder Schiller!?

Oder vielleicht ist es auch Irrsinn!
wie gesagt, ich denke darüber manchmal nach

Vielleicht war ich in einem anderen Leben
Ein Schriftsteller!?
Denn meine Liebe zu Wort und Sprache,
macht die Dunkelheit mir heller!

Glaskugel

Gefühle
Sind wie eine Glaskugel
Sei sorgsam und vorsichtig mit ihnen

Denn; Splitter
Bleiben Splitter

Rat

Du suchst gerad'
Einen Rat!?
Und gehst los!?

Komm' nicht zu mir, denn –
Ich bin gerad'
Ratlos!
Und auch ich suche
Einen Rat –
Gerad' bloß

*Mein Zitat und meine Begleitung, zutreffend
Für den Januar 2021*

Fabrikat

Er reist durch alle Herren Länder
Mit Metapher und mit Zitat
Präzise geführt ist seine Lyrik
Zu erkennen, ist so sein Fabrikat

Wo die Wörter fließen
Da singt er seine Lieder
Und auch wenn er geht,
so kommt er dennoch wieder

Er dichtet bei Tag
Und auch bei Nacht –
Unter Sternen
Und im Sonnenschein
Er schreibt
Bis sein Werk vollbracht
Er muss ein wahrer –
Dichter sein

Sorglos schön
Ist manchmal seine Kunst
Doch auch Tragik –
Sie manchmal spricht
Er teilt all sein Tun
Mit dir, mit mir, mit uns
Sein Schaffen getan
So steht wieder, ein Reimgedicht

Bessere Zeit

Und so ging ich los
Mit Gottes Liebe
Durch dieses Leben
Beim, Verräter und dem Dieb

Durch so eine Kälte
Durch starken Nebel
Aussichtlos wie;
„Gestanden im Regen"

Auf der Suche nach Trost
Und dem wahren Segen
Nur Gottes Güte,
ist ihn wahrlich am Pflegen!

Bei all dem Kummer und den Sorgen
Umgeben von Leid
Bete ich zu dir, mein Gott
Bitte bringe eine bessere Zeit

Natura

Ich
Kann kein guter Vater sein!
Denn das Lebenswerk
Es spannt mich so sehr ein!

Doch versuche ich sehr –
Er, doch zu sein!
Aber so schreibe ich, so wie es ist
Und ich zerfleische mich!

Weil Träume und Ziele zerren
Mich meiner Kräfte berauben
So sage ich, „ich liebe dich mein Kind"
Bitte, dass musst du mir glauben

Auch wenn ich,
dir kein guter Vater bin –
Für immer lieben werde ich dich,
mein geliebtes Kind
Ich sehe so gerne in deine Augen
Wenn die deine, mich dann anschauen
Wenn du lächelst, freut es mich –
Dass es dir gut geht, das wünsche ich!

Ich wäre gern
Nicht ins Schreiben verbissen!
Doch es ist mein Leben
Es stillt – was ich vermisse!

Ob bis spät abends
Oder morgens in der Früh
Meine Gedanken,
sie pausieren leider nie!

So schrieb ich dir dies
In 2021 – am 1. Februar
Morgens um 5
Aus dem Schlaf und in aller Natura

Diese Wintertage

Diese kalten Wintertage
An denen man gar nicht aufstehen möcht'
Mein kleines Nest
Erwärmt, es noch ist
Doch der Tag ins Hell' erwacht
Aus einer kalten Winternacht

Zu deiner Ehre
(Nachruf für meinen Opa 5.7.2019)

Ich habe dein Gehen
Überspielt und übergangen
Schmerzen gefühlt
Sie halten an seit langem

Tränen versucht zu verbergen
Wollte dir zur Ehr' doch nicht weinen
Doch es machte mir die Seele schwer
Wir können im Leben nichts mehr teilen!

Du warst wie ein Freund
Darüber hinaus weit mehr!
Nichts vermisse ich,
wie dich – so sehr!

Bei allem Verlust und jeder meiner Niederlage
Warst du da und sagtest Kopf hoch
All dein Zuspruch, dein Glaube an mich
All die Momente und die Worte, nie vergesse ich!

Und ich will in aller Würde
Zu deiner Ehre Trauer tragen
Und doch stelle ich so oft
Dieses Leben hier in Frage!

Das dunkle Kapitel

Achtung Depri!

Sorgenbuch

Geld heilt alle Wunden
Am Rad
So schlecht
Tückisch (Beschreibung eines Depri-Schubes)
Schwerer Winter
Märchenreich
Schuld
Dunkel und kühl
Wurm am Boden
Nicht mehr gut
Kein Arzt und keine Medizin
Arbeitsamt
Aktuelle Probleme
Schmerzen die mich klagen
Und ich such' das Sonnenlicht
Das Leben kostet
Wenn es ja so einfach wäre
Aus Märchen und Kinderliedern

P-H-Ö-N-I-X

(positiver Abschluss aus dem Kapitel)

Sorgenbuch

Ich schreibe hier
Ein Sorgenbuch
Qual und Schmerz
Was mich heimsucht

Ich schreibe hier
Dieses Sorgenbuch
Denn es geht –
Mir gar nicht gut!

Mein Herz es schmerzt
Verkrampft, verspannt
Mein ganzer Körper –
Der Kopf im Sand!

Mir geht es gar nicht gut
Fühle Schmerz und Qual am Leib
Zu viel Chaos und Kummer
Aus all meiner ganzen Zeit!

Immer diese Montage
Die gehen mir total auf die Psyche!
Herz sticht, Nerven kribbeln
Mit all den Schmerzen bin ich am Büßen!

Geld heilt alle Wunden

Noch immer bin ich ohne Arbeit!
Und meine Psyche reibt mich wund!
Der Kopf er schmerzt, die Brust sie drückt
Schwindel bei jedem Atemzug!

Ihnen es gleich, wie es mir ergeht!
Arbeitslos zu sein, die Schande schlecht hin!
Ich soll und muss doch schaffen gehen!
Darin liegt des Lebens Sinn!

Das Gewissen –
Das mich ohnehin schon quält!
GELD HEILT ALLE WUNDEN –
Die Überschrift, die dieses Leben trägt!

Ich soll Hauptsache mein Werk doch tun
All die Schmerzen
Qual und Leid –
Da hört jeder weg, und keiner zu!

In all den erlebten dunklen Stunden
GELD HEILT ALLE WUNDEN!
Fehlschläge und Versagen, was mich in den
Abgrund treibt, Druck auf der Brust – endloses Leid

Das Herz so schwer, es schmerzt und schreit
Wichtig jedoch nur
Gehe zur Arbeit! Arbeitsstunden
GELD HEILT ALLE WUNDEN!

Am Rad

Ich bin nervös
Ich drehe am Rad!
Das Herz am Zittern
Der Puls im Überschlag

Mich quälen Träume von –
Vergebung und Verzeihen
Von meiner Schuld bis hier
Ein Niedergang ist am Gedeihen!

Ich nahm eine Überdosis vom
LEBENSECHT
Zu viel Gefühl und Trauer
Jetzt geht's mir schlecht!

Meine Tiefgründigkeit
Wird mir in diesen Tagen engster Feind!
Könnte weinen und furchtbar laut schreien!
Bin alle Fehler am Bereuen!

Und ich denke wieder mal
Was nicht ist und noch nicht war!
So große Träume einst geträumt –
Scherben und Enttäuschung, sind am Weg
verstreut!

So schlecht

Warum geht es mir so schlecht?
Ich wache morgens auf
Mit Schmerzen mache ich die Augen auf!
Einsamkeit
Da spüre ich mich
Doch auch die negativen Schwingungen
Brechen über mich ein
Dabei bin ich doch gern allein!

In der Einsamkeit da ist kein Leben
In Gedanken –
Da gibt's keinen zum Reden!
Ich nehme mich auseinander
Mir geht's so schlecht!
So schlecht!
So schlecht!

Wie geht's weiter, wie komme ich hier raus?
Ich wache morgens auf
Mit Schmerzen mache ich die Augen auf!
Einsamkeit
Da spüre ich mich
Doch sie tut mir nicht gut
Denn da fehlt das Licht!
In mir ist zu viel Dunkelheit
Vertraut ist Kummer, Qual, Schmerz und Leid!

Tückisch

Das Tückische an der Depression ist, sie kommt von einem Moment auf den anderen. Sie fällt einfach ein!

Plötzlich verändert die Welt sich, aber bloß im Kopf. In allen Gedanken malen sich Bilder von Trostlosigkeit, von Schuld, von der Bitte um Vergebung. Ein ganz krasser Augenblick, der von jetzt auf gleich diese Welt aus den Angeln hebt.

Das Schlimme mit daran ist auch, dass in der realen Welt ja eigentlich „alles in Ordnung" ist – oder viel mehr gesagt, dass ja alles im Rhythmus fließt.
Aber diese Depressions-Schübe, wie ich sie nenne, wie sie sich bei mir anfühlen, löschen dieses Wissen! Plötzlich bekomme ich dann Angst, Zweifel, Unruhe, Herzrasen!

Als ob die Welt jeden Moment zusammen bricht! Und das absurde daran, in diesem Schub, trage ich die Schuld an allem. Eine Schuld – bedingt eines realen Daseins. In diesem Falle bei mir, meine Arbeitslosigkeit. Weil jeder doch erwartet und fragt, was die Arbeit macht!?

Ein Trigger, und die ganze Spirale ist wieder in Gang gesetzt! Station Arbeitslosigkeit – Station

Scheidung, Station Geld verdienen, Station Schmerz, Qual, Trauer und Leid!

Und wenn ich erst einmal in diesem beschissenen Strudel drinhänge, dann ist der Ausweg, die Rettung wieder verdammt schwer und kostet Kraft, wie jedes Mal!

Schwerer Winter

In jedem Jahr macht mir –
Der Winter Angst und Sorge
Depression, grau die Tage,
an vom frühen Morgen!
So kalt und grau und ohne Licht
So es auch in mir dann ist!
Diesen Winter, 2021 kommt noch erschwerend
hinzu – arbeitslos und geschieden
Macht doch bitte den Gespenstern und Dämonen
mal die Nase vor der Türe zu!

Zu spät! Haben mich schon erwischt!
Im grauen Nichts, ganz ohne Licht!
Jetzt hilft wieder nur die Flucht raus!
Raus aus dem Haus, in den Bars halte ich mich
auf!
Doch, Stopp! Einen Moment!
Die Bars haben zu, Lockdown, kommt auch noch
hinzu!

Dieser Winter 2021, hat es wieder volle Lotte in
sich!
Draußen eh schon früh duster, kaum Licht –
Und auch noch geschlossen, die Bars – in den ich
mich so wohl fühle!
Hart der Winter, ein schwerer Winter für mich, wie
lange einst nicht!

Märchenreich

Ich wandle durch mein,
aus Angst erbautem – Märchenreich
Hier fressen sich die Raben satt,
an den Überresten, die die Zeit verbleicht!

Und aus dem Unheil,
kommen die Ratten schon hervor
Die Finsternis – verschlossen,
hinter einem Eisentor!

Kreaturen und Unarten,
sie spazieren und sie fliegen –
Durch die Lüfte,
auch im Garten!

Und der Mond färbt sich,
jeden Abend ins Blutrot
Versteck dich vor der Mitternachts-Stund',
denn dann lauert ringsum der Tod!

Sei willkommen, trete ein –
Mein Eintrittsspruch ins Märchenreich
„Finster, finster, ohne Lichterschein"
Sprich es aus und sei dabei!

Ratten, Raben und Ungeziefer
Die durchs Land über Gewürm stiefeln
Dämonen, Geister – es kommen alle die,
die wir auch riefen!

Schuld

Der Schädel blockiert
Eilmeldung – Breaking News
Die eigene Stimme provoziert
Weil du gerade gar nix tust!

Sätze die ich höre
Sei dankbar fürs Erwachen –
Am neuen Morgen!
Ja, habt vielen Dank –
Ich lebe weiter in Angst,
Kummer, Leid und meinen Sorgen!

Mir drückt es auf der Brust
Schmerzerfüllt mein Leid
Schuldgefühle, Schuld –
Stehe im Gefecht mit meiner Lebenszeit!

So viel Frust, Wut und Schmerz auch Kummer –
Was in mir ganz tief da schlummert!
Ich kriege es nicht behoben, Druck auf der Brust
Lebensqual statt, Freude und die Lebenslust!

Sitze hier allein, weiß das ist nicht gut
Ich zerreiße mich selbst! Voller Hass, Frust & Wut
Dieser Schmerz geht nie wieder weg, er hält an!
Er umgibt mich so vollkommen –
So, dass ich nichts mehr machen kann!

Dunkel und kühl

Die Dunkelheit in mir
Sie ist von außen nicht zu sehen
Sie wacht mit mir auf
Wird mit mir auch schlafen gehen!

Bitter und so hart
Ist, ihr Geschmack und ihre Art!
Mit stummen Schreien wehre ich mich
Doch sie ummantelt mich!

Hier gibt's kein Licht
Hier ist es dunkel und kühl
Sie ist ohne Rücksicht –
Kennt auch kein Mitgefühl!

Erbarmen –
Ist ihr ganz fremd!
Sie ist erst dann zufrieden,
wenn alles in mir brennt!

Sie holt sich alles von mir
Stück um Stück
Es schwindet die Hoffnung,
auf jedes kleine Glück!

Wurm am Boden

Geld wächst nicht wie Gras
Auch nicht an den schönsten Bäumen
Du verdienst es auch nicht,
in deinen besten Träumen!

Bei mir geht's gerade –
Finanziell den Bach herunter!
Ende vom Fahnenmast
Hier ist gleich Land unter!

Wer hat, der hat
Wer kann, der kann!
Wer nicht hat –
Hat nichts, was er kann!

Der Wurm wird gefressen,
welcher gerade am Boden kriecht –
Von dem Vogel über ihm,
der dort oben fliegt!

Und wenn am Abendhimmel
Der Mond in die Tiefe fällt –
Ist dies das Ende,
deiner ach so tollen Welt!

Nicht mehr gut

Mir geht es schon
Seit Monaten nicht mehr gut
Der Druck auf der Brust lastet schwer
Das Herz es schmerzt mir so sehr!

Auch der Kopfschmerz, er drückt
Als wäre eine Schraubzwinge gespannt!
Muskeln verkrampft –
Total angespannt!

Und auch meine Bronchien –
Es ist Winter,
sie sind so rau, wie der eisige Schnee!
Mein Körper,
er fühlt die Schmerzen –
Ach, oh weh! Oh weh!

Die Kälte,
sie beißt sich durch meine Haut
Bis ins Innere hervor!
Fühle ich das Sterben?
Bin ich schon,
zum Teil erfroren!?

Kein Arzt und keine Medizin

Ich bin schon lange nicht mehr gesund
Und mir hilft weder Arzt noch Medizin!
Es ist die Gesellschaft –
Die Funktion in diesem System!

Das Herz ist längst schon erfroren
Auch Salz zu streuen, dies taut es nicht auf!
Abstieg und tief gesunken –
Dies hält man doch nicht für immer aus!

Die Depression
Negative Spirale in mir
Kein Professor Dr. Arzt kann helfen
Denn diese Scheiße lebt in mir!

So viel Enttäuschung, Schmerz und Leid
Aus meinem ganzen Leben
Daraus resultiert, nun das was ist –
Frust und Wut, die mir in die Knie treten!

Beschissene Arbeitsplätze
Beschissene Menschen dort!
Sie fetzten meine Psyche, meine Seele
Ich bin im Arsch und sie sind fort!

Trennung, Scheidung
Große Träume unerfüllt
Lockdown, Corona, Isolation
Mit dem Monster Depression samt eingehüllt!

Die frische Luft
Mutternatur
Das Mittel was mir nur hilft,
noch bei Zeiten

Doch im kalten Winterfrost,
er macht zu schaffen mir –
bei meinem bronchialen –
Asthma-Leiden!

Seit Corona 2020, Lockdown –
Geht's mir richtig beschissen!
Es fällt schwer zurzeit –
Um des Frühjahrs, - und des Sommers-Wissen!

Arbeitsamt

Arbeitssuchend, arbeitslos
Das Arbeitsamt,
es interessiert lediglich bloß
Wann ich wieder arbeiten kann!

Seelisch bin ich ausgehebelt
Die Arbeit zuletzt sie hat mich –
Mitunter aus der Bahn gekegelt
Psychisch in den Untergang gesegelt!

Katastrophal ist –
Diese ganze Epoche
In den Abgrund gearbeitet
Woche für Woche!

Es arbeitet der Schmerz
Meine Seelennot!
Leidvoll schuffte ich –
Mit meiner Qual fürs tägliche Brot!

Das Herz schleift sich –
Am ganzen Boden wund
Das Arbeitsamt juckt jedoch nur,
wann arbeite ich wieder 40 Stund'!?

Aktuelle Probleme

Finanzielle große Sorgen
Finde ich Pfand auch wieder morgen!?
Rechnungen flattern ein – FREI HAUS-
Scheine schmeiße ich zum Fenster raus!

Jeder will und will noch mehr!
Deren Taschen voll, meine leer!
Leihgabe, Darlehen und Kredit –
Sie wollen dich pressen zu ihrem Profit!

Solange du hier Knete hast
Bist du hier im Leben auch etwas!
König, Bischoff, Papst oder Vermögensberater
Versicherungsvertreter – goldene Ader!

Bei ihnen fallen Scheine
Wie im Winter auch der Schnee
Nur Tau und Nässe,
was ich bekomme – wo ich steh'!

Asche, Gold, Kohle und Kies
Wie die Wurzel aus dem Boden sprießt!
Das Geld, es wächst in dem –
In Leistung genommenem Dienst!

Schmerzen die mich klagen

Es sind Schmerzen die mich klagen
Vom Morgen bis zum Abend!
Brust die drückt, Herz es sticht –
Gute Nacht, so soll ich schlafen!?

Ich liege lange wach
Bis so spät in tiefe Nacht!
Wenn ich dann mal schlafe –
Ich dann, nichtausgeruht und platt erwach!

Kummer und Schmetz vertraut
Ist schon so lang dieses Gefühl!
Es macht mich aggressiv –
So emotionslos und so kühl!

Das Wohlempfinden längst verloren
Freude fiel mir aus dem Gesicht!
Meine Seele 1000-mal erfroren
Dies sieht hier,- versteht hier keiner, nicht!

Die Dunkelheit das traute Heim
Nicht gewollt, sollte nie so sein!
Doch so lange lebe ich dort schon ein
Qual und Schmerz – kenne nur ich für mich allein!

Und ich such' das Sonnenlicht

Kalt und dunkel sind meine Tage
Diesen Text schreibe ich zur Klage!
Sie ist nicht schön und soll vergehen,
diese beschissene Lebenslage!

Und ich such' das Sonnenlicht,
das im Winter hier verschwunden ist!

Trostlos grau ist der weite Himmel
Die Sonne einfach nicht zu sehen
Und es fällt mir so schwer –
Von Ort und Stelle, fortan zu gehen!
Der Frost zieht durch meine Haut
Sie ist eisigkalt und furchtbar blau!
Es ist der blanke Horror!
Es ist keine Freudenschau!

Und ich such' das Sonnenlicht,
das im Winter hier verschwunden ist!

Zu allem Übel, ich lebe in einem Loch!
Muss in diesem bleiben, denn zu leisten ist es ja
noch!
Mit keinem Geld – hat man nicht die Wahl!
Ach was soll's, leide eh schon Schmerzen-Qual!

Und ich such' das Sonnenlicht,
das im Winter hier verschwunden ist!

Das Leben kostet

Das Leben ist teuer
Es kostet Geld
Solange du welches besitzt –
Ist in Ordnung alle Welt!

Doch wehe,
du hast mal nichts
Dann wirst du sehen
Wie schnell man fällt!

Keiner hilft dir auf
Doch so viele schauen zu!
Doch ich komme wieder,
wenn ich dann habe und sie fallen –
Ist und bleibt meine Hilfe, meine Ausgabe tabu!

Keiner hat mir geholfen
Nur alle wollen immer haben
Es kommt der Tag der Revanche
Es kommt, der Tag der Tage!

Doch das Leben kostet
Geld, Erfahrung, Lebenseinsatz
Man lernt aus Fehlern –
Die man einst gemacht!

Wenn es ja so einfach wäre

Wenn es ja so einfache wär'
Schriebe ich doch einfach keine –
Depri-Texte mehr!
Bin eh nicht scharf auf das Gefühl!
Bringt nur Wirrwarr, Unmut, Schmerz
Qual, Schwere – einfach zu viel!

Dass ich leide,
in manchen Stunden wie ein Hund
und dabei,
Schmerzen fühle tief in mir
So habe ich oft,
doch das Gefühl, kümmert nicht weiter und –
höre so oft,
so schlecht geht es dir doch gar nicht hier...!!!

Sie erwarten alle von mir nur etwas –
Wie Pflicht, als dass ich funktioniere
Was ich will, warum ich leide –
Das, ja das – will keinen interessieren!

Darum sage ich ja,
wenn es ja so einfach wär'
schriebe ich doch einfach keine –
Depri-Texte im Leben mehr!

Aus Märchen und Kinderliedern

An einem Herbsttag standen sie
Geordnet dort, in Reih' und Glied!
Sie spielten dann, mit Stock und Stein
Erstachen sich im Spiel, also nur zum Schein!

Während das Kind zu Boden fällt
Kräht ein Rabe fürchterlich auf
Das Kind stößt den letzten Atemhauch heraus
Und die Kinder singen ringsherum;

Ene, mene und auch mu!
Und das bedeutet, raus bist du!
Eckstein, oh Eckstein
Jeder von uns muss versteckt sein!
Ringel, Ringel, Weihe
Ein Kind verlässt die Reihe!
So geht das Kindlein klein
Nun ganz allein in das finstere Reich hinein!
„Wünsch dir Glück und kehre recht bald zurück"!

Der Rabe er fliegt im Nu davon
Die Kinder, sie lassen das Kind zurück!
Der Abend bricht an, die Dunkelheit rückt näher
Den Tag über vergessen, so kommt das Kind zurück

So kommt das Kind, mit Dreck bedeckt
Durchnässt und auch verkühlt
So spricht es den Kindern von Defixion
Dabei lässt es keins verschont!

P-H-Ö-N-I-X

„Es ist ein Märchen, eine Sage
Auferstanden aus tausendundeiner Niederlage…
Alle reden und erzählen;
Es stieg ein Phönix aus der Asche empor
Doch die Wahrheit, die stieß niemals hervor„

~ ~

Es lebte einst ein junger Mann
Unscheinbar und nur am Rand
Erfuhr in all seiner Lebenszeit
Nur furchtbar Qual und dazu Leid

So hatte der junge Mann –
Stets einen schlechten Stand
Qual und Schmerz –
So tief in ihm hat es gebrannt!

Er spürte wie sehr –
Der Schmerz doch brennt
Qualvoll laute Schreie
Man das Kind beim Namen nennt

Der junge Mann stand –
Regungslos auf mancher Stelle
Und sie brach los über ihm –
Die heiße Glut der Hölle!

Voller Schmerz erfüllt und
Dazu wahres Seelenleid
So wurde er –
Zum Phönix jener Zeit!

Und er scheut die Hitze nicht
Denn einst hat er schon gebrannt!
Der junge Mann –
Seit je her mit schlechtem Stand!

Ich bin der Phönix der ins Feuer steigt
Und so, auf ewig in Flammen erscheint!

Auf ewig brenne ich
Im heißen Feuerlicht
Und über meiner Asche
Erhebe ich mich!

Der Phönix der ins Feuer steigt
Und so, auf ewig in Flammen erscheint!

Qual und Schmerzen
Sie brennen hell
Der junge Mann,
steht auf der Stell'

P-H-Ö-N-I-X
P-H-Ö-N-I-X

Phönix – Feuer-Ruf
P-H-Ö-N-I-X

Finstere
Gedankenmomente

Mein Leben, die Arbeit, Verpflichtungen
Könnte ich frei aus der Seele schreiben
Buch zumachen
100.000
Glockenturm
Hass, Schmerz, Horror
Wirkung und Ursache

Mein Leben, die Arbeit, Verpflichtungen

Mein großes Problem ist die Sterblichkeit!
Würde wir alle für immer leben, wäre vielleicht
mein Empfinden, meine Suche nach dem Sinn
nicht so quälend und stark im Vordergrund!

Das ganze Leben ist strukturiert, vernetzt und in
einem System festgespannt!
Arbeiten bedeutet für mich, ich muss 8 Stunden
täglich etwas tun, was mir keine Freude bereitet –
Da ich bereits nun etliche Stationen durchlaufen
habe.

Ich habe eine Tochter, die gerade mal 8 Monate alt
wird. Mich zerfrisst das System, auf der Arbeit 8
Stunden funktionieren zu müssen, Konzentration
aufrechterhalten und mit Dingen beschäftigen die
mich weder berühren, noch interessieren, aber
einem riesigen Stressfaktor aussetzen!

Meine Sterblichkeit, dieses Bewusstsein – es setzt
mir jeden Tag mehr und mehr zu!
In vielen Bücher, Liedern und Filmen wird immer
geredet, gepredigt, erzählt:
- Lebe dein Leben!
- Du hast nur dieses eine Leben!
- Sei du selbst und glaube an deine Träume…
Bla, bla, bla

Mir setzt dieses falsche Getue und die Scheinheiligkeit so zu!

Ich möchte mein Kind auch gut erziehen wollen, aber nach 8 gestressten Stunden in Funktion, Hektik und Stress noch nach dem Feierabend mein Bestes weiterzugeben…
Es stresst mich!

Ich verliere dabei, bzw. habe die Angst, dabei mein „Leben zu verlieren"!

Gedanken die mich beschäftigen und begleiten, mich zerfressen und kaputt ficken!

Mir ist es einfach alles zu viel!
Und ich habe die größte aller Angst, zu versagen!

Mein großer Traum ist es Bücher zu schreiben, davon leben zu können!
Meiner wahren Berufung zu folgen, nicht einem pseudo /Scheinruf zu folgen, nur weil man die verdammte die Kohle braucht!

Meine Berufung das Schreiben, da kann ich sogar 10 Stunden am Tag arbeiten und es stresst mich nicht, noch macht es mich kaputt und empfinde auch dabei keinen „Unsinn" – welchen ich bei vielen Jobs empfinde und empfunden habe, welchen ich bislang ausführte.

Alles unter einen Hut zu bekommen, daran bin ich kläglich gescheitert!

Mein Leben ist eine einzige katastrophale psychisch-geschädigte Form eines Lebens, welches niemals seine Kraft, Vollkommenheit und schöpferische Werke ausüben kann!

Depression!
Wut!
Aggression!
Hass!
Negatives Empfinden!

Das ist alles was ich verspüre, was meine kleine beschissene Seele fühlt.
Leid, Qual und Kummer – den ertrage ich seit meiner Kindheit.

Dann hörte ich Sätze wie;
„Es geht jedem so"
„Da muss man durch"
„Stell dich nicht so an"
„Dir geht es in Deutschland doch gut"
„Hast ein Dach über dem Kopf"

Unzählige verdammte, beschissene Sätze – die mir, meiner Seele, meinem Empfinden
Einen verdammten, beschissenen Dreck weitergeholfen haben.

Dies musste mal raus, in diesen Sätzen, bricht die Wut und der Schmerz aus mir heraus.
Wie ich schon oft sage, es sind nicht immer schöne Texte –
Doch es hilft mir hin und wieder, die ganze Scheiße meines Lebens zu verarbeiten!

Freiheit!?
Freiheit ist machbar, aber in dieser Gesellschaft, diesem Konstrukt und diesem System –
Da bezahlt man seinen Preis!

Könnte ich frei aus der Seele schreiben

Könnte ich frei aus der Seele schreiben
Ich schreibe frei aus der Seele
Ich teile mit, was ich von der Gesellschaft, dem
System, der Politik und der Wirtschaft halte!

Menschlichkeit ist aus
Soziales Verhalten ist lange raus!
Geld und Profit, auf das man baut!
Es geht unter, wer sich nix traut!

Schnauze halten und das Maul zu lassen!
Funktionieren und dem System anpassen!
Jeder fühlt es, jeder weiß es, jeder macht mit!
Ab in den Abgrund, näher Schritt um Schritt!

Die Obrigkeit lacht sich schlapp
Hier unten einer, bricht sich einen ab!
Wir malochen, knechten, für die da oben!
Wir sind Appel und Ei, sie sind Dealer der Drogen!

Hochgekrochen, hochmanipuliert, hochgeschleimt
Politiker du verkommenes dreckiges Schwein
Trägst Anzug, Schlips und alles ist fein!?
Du bist doch das größte Arschloch, so soll es sein!?

Buch zumachen

Keine blühenden Zeilen
In Untergang getrosten Zeiten
Alle wollen haben und wollen nehmen
Das sind wirklich harte Zeiten!

Und ich habe nix –
Selbst nix, von dem man als holen kann
Nix zu fressen auf dem Tisch
Sollen sie an dem, was sie mir noch nehmen, doch
ersticken dran!

Bei mir wurde immer
Bloß genommen und geholt
Doch wenn ich einmal was brauche
Hat mir jemand geholfen, glaubt ihr wohl!?

Bald kann ich das Buch zumachen
Denn nix gibt's mehr zu holen, mach Sachen!
Ich hole ich derbe aus, im feinsten Sprachgebrauch
Somit haue ich doch, wahrlich mit Vergnügen auf
jene Fresse!
Der Politik und Wirtschaft, jenem Feind der Lügen-
Medien und der ganzen deutschen Presse!

100.000

Ich bin jetzt bei Anlauf
100.000
Mein Leben ist ein Versuch
Ich bin wie die Welle auf dem Meer
Aufbrausend

Ich bin geschädigt
Psychisch wie auch körperlich
Doch ja, was soll ich sagen
Das Schreiben erfüllt mich doch vorzüglich!

Und wenn ich einmal sterbe
Ja wie denn dann!?
Philosophiert und protokolliert, habe ich mein
Leben, wann immer ich nur kann!

Festgehalten all mein Gedankengut
In der Hoffnung es hilft mir
Aber auch anderen Menschen,
doch genauso hier!

Glockenturm

Erhoben habe ich mich
Aus tiefem Graben
In jener Nacht –
Im Aufgang, aller Raben

Hart wehte der Wind,
im Regensturm
In dieser Stunde,
da wurde ich geboren

Dunkelheit und Finsternis
Wie vertraut mir dieses Leben ist!
Die Raben sie krähen im Chor
Aus dem Dreck stieg ich empor!

Kenne nur den Schatten, ohne das Licht
Vertraute Heimat, es ist die Finsternis

Der Glockenturm
Er schlägt zwölf-mal
Die Stunde null
Sie steht an der Zahl!

Schwarz der Himmel
Ganz ohne Schein
Doch keine Frucht!
Ich bin der Schrecken, ganz allein!

Hass, Schmerz, Horror

These in Reimform;

Aus Traurigkeit entsteht der Schmerz
Schmerz, er kann durch Ungerechtigkeit –
Sich zum Hass verfärben,
zur Aggression dazu noch werden!

Durch Leid und Schmerz entsteht –
Die Verzweiflung gefolgt von Wut!
So entsteht der Horror, Überschreitung der
Schmerzensgrenze, fordert Blut!

Ein Mensch mit;
Liebe, Glück und Zuversicht im Herzen
Wird verdorben durch Qual, Ausbeute,
Verhöhnung und der resultierenden Schmerzen!

Ist man erst einst in Zwei gebrochen
Und versinkt in reiner Qual
Ist die Versöhnung meist erstochen
Und der Ausweg, dieser Grat ist schmal!

Wirkung und Ursache

Kein Mensch wird ohne Grund
So wie er ist!
Was ich denke, fühle und schreibe –
Ist die Wirkung der Ursache!

In dieser Gesellschaft
In diesem System
Ging ich als Kind mit gutem Herzen
Ich hatte Mitgefühl,
doch man nahm und nutzte mich aus –
finanzielle Schäden, zurückgeblieben sind nur
Leid, Qual und Schmerzen!

Ich wollte Frieden
Und wollte ich, immer ich bleiben!
Ich stieß auf in Stacheln
Schwere Momente, ich bin am Leiden!

Gott, ich verliere mich!
Gott, es erlöscht mein Licht!
Gott, ich spreche zu dir –
Denn ich fürchte um mich!

In so vielen Zeilen von mir
Steckt zu viel Verderb!
Gott, ich hoffe –
Ich werde von dir erhört!

**Ich wende mich nicht ab –
Von dir!
Doch bitte, bitte verzeihe mir –
Manch eine Zeile hier!**

Andere Art
Gedankenmomente

Da das Schreiben ja einerseits Segen und auch
Leidenschaft ist, aber andererseits auch Fluch und als
mein selbsttherapeutisches Mittel dient – baut sich
dieses Kapitel im NO/GO – Muster auf, soll bedeuten: in
abwechselnder Reihenfolge, werden nun negative und
positive Texte verfasst;
Negative Texte bekommen die Bezeichnung: NO
Positive Texte die Bezeichnung: GO

NO: Zum Feierabend
GO: Lebensbuch
NO: Schande
GO: Bewegen
NO: Verschlungen
GO: Kein Zufall
NO: InDUstrie & Poly-tik
GO: In Ordnung bringen

NO: Zum Feierabend

Fleißig, eifrig
Deine Arbeit tun
Zum Feierabend dann –
Da darfst du ruh'n

Der Gesellschaft musst du zeigen
Dass du doch arbeiten tust!
Und bist du arbeitslos, so musst du zeigen
Dass du doch, zu arbeiten wieder versuchst!

Das Gesellschaftsbild hängt nicht gerade,
wenn du faul am Lungern bist!
Und wenn du nix arbeitest, selbst schuld –
Wenn du dann am Verhungern bist!

Deine Gesundheit, sie ist egal!
Hauptsache, deiner Arbeit Pflicht getan!

Ich erreiche nicht
Was ich aber doch, allzu gerne möcht'
Schlecht geht's mir jedes Jahr zur Nebelzeit
Besser wird es im Frühjahr –
Es ist nicht mehr fern, nicht mehr soweit!

GO: Lebensbuch

Ich blättere die Seiten durch
Von meinem Lebensbuch
Fange mir jenen Moment –
Dabei kurz ein

Kaum ein Traum ist –
Im trockenen Tuch!
Und was vorbei ist,
das ist vorbei!

An so manchen Tagen, da fiel Regen
An anderen Tagen, strahlte der Sonnenschein
Ich möchte gar keine Klage erheben –
Hin und wieder, träume ich gern von jener Zeit

Rosen die einst wuchsen
Inmitten vom Dornenstrauch
Einzigartig aber doch –
Und so schön am Blühen

Für ein Sträußchen viel zu schade
Denn es nimmt den Lebenshauch
Nur den Anblick genießen
Und des Lebens Schönheit spüren

NO: Schande

Ich bin arbeitslos
Somit eine Schande hier zu Lande
Westliche Welt, die Industrienation
Ich, ohne Arbeit! Bekomme die Reklamation!

Die Gesundheit, die ist hier völlig egal
Arbeit haben, zur Arbeit gehen –
Dies ist immer! Wirklich immer!
Stets an der ersten Zahl!

Solidarität, Abgaben
Berechnung aller Steuern
Wenn sie nichts berechnen –
Dann, sind sie am Versäuern!

Ich bin die Schande
Und diese marschiert
Ohne Arbeit –
Mein Befinden sich auskuriert!

Dazu mein Winterblues –
Der mir sagt, komm schreib es so, ja tu's!

Das Wetter so grau und trostlos es scheint
Winterskälte und Frost, macht sich in mir breit!
Wenig Hoffnung und kaum Sonnenlicht
Gefrorene Zeit, Tag um Tag umgibt sie mich!

GO: Bewegen

Einfach mal nicht –
Groß reden sondern;
Einfach mal losgehen
Und sich bewegen!

Laufen, einfach laufen
Bis ans Ziel
Halte durch, komme an –
Ganz egal wie!

Nur wer den Schritt macht
Der tritt von der Stelle
Für die große Flut
Wird das Wasser auch zur Welle

Auch die längste Reise
Braucht den ersten Schritt
Auf geht's! Voran!
Was du kriegen kannst, nimm mit!

NO: Verschlungen

An manchen Tagen, habe ich das Gefühl
Ich lebe nicht mehr lange
Auch dies muss zu Papier, denn ich leide und fürchte
Mir ist meiner Gesundheit Bange

Der Kopf er schmerzt, es sticht das Herz!
Es drückt die Brust, gestaut ist so viel Frust!
Es raut die Lunge, es ätzt die Zunge!
Die Bronchien reiben, ein wahres Nerven-Treiben!

Augen zucken noch dazu, die Gesundheit leider schwer!
Dieser Text muss sein, denn für mich behalten –
Kann ich dies nicht mehr!

An manchen Tagen geht's mir nicht gut!
Dann fühle ich mich nicht ausgeruht!
Mein Leben will ständig etwas erleben
Doch habe ich nur, die Dunkelheit zu geben!

Ich verzehre den Tag
und die Nacht zehrt an mir!
So wird verschlungen das Erlebte
So ist der Tagesgang üblich hier!
Und täglich, grüßt das Monster hier!
Es ist auf Jagd, das unbändig, gierige Tier!

Das Monster hat seinen festen Platz
Kommt zum Vorschein nur, wenn's Hunger hat!
Dann frisst es und reißt es –
Was es denn nur kriegen kann!

GO: Kein Zufall

Nichts geschieht durch Zufall
Alles ergibt seinen Sinn
Ich glaube an Bestimmung
Darum bin ich, wie ich bin!

Ich bin leider kein Arbeitstier
Jedenfalls nicht, was ihr Arbeit nennt
Ich schreibe 10 Stunden am Tag
Weil diese Berufung in mir brennt!

Ich setze mir wieder
Ganz bewusst kleine Tagesziele
Und ich erweitere sie dann
Zu Ganzjahres-Zielen

Mit einem Ziel vor Augen
Lässt der Gang sich leichter gehen
Ich habe es bloß vergessen
Zur Erinnerung nochmal; es wird Zeit zu gehen!

NO: InDUstrie & Poly-tik

Ewig dreht sich im Kreis –
Diese Welt
So wie mein Kopf sich um
Das „liebe Geld"

Das Geld zu brauchen
Dies hält stetig an!
Nur wer welches hat –
Auch große Sprünge machen kann!

Jeder hat es zu brauchen
Aber nicht jeder hat es - *verdient* -
Vieles ist ergaunert!
In der Industrie und Politik!

Diäten, Skandale
Schwarzgeld-Affären
Die Taschen zum Tragen schwer
Doch über zu wenig, sie sich noch beschweren!

Ungerechtigkeit
Sie wächst und sie nimmt nicht ab!
In der Kasse von Papi-Staat
In der, wird es doch „im Leben nicht" knapp!

GO: In Ordnung bringen

Mein Leben war mal in bester Ordnung, es hatte mal
Gleichgewicht
Doch ist dies Tage her und Wege weit – längst
verschwunden aus meiner Sicht!

Ich war mal oben und nun –
Ganz unten befinde ich mich
Ja eindeutig spürbar!
Hier unten ist das Leben bitter und erschwert

Jetzt muss ich wieder, den weiten Weg hier raus
All die Ränge die ich fiel –
Platz für Platz, muss ich wieder rauf!

Beide Seiten habe ich nun erlebt
Länger angehalten hat die Seite ohne das Licht!
Denn gefallen bin ich sehr tief!
Mit der Fresse – in Dreck, mit meinem Gesicht!

Jetzt muss ich wieder rauf, die ganze Abstiegsregion
verlassen!
Es ist ohnehin, schon erbittert schwer – beschissen noch
dazu, Züge zu verpassen!

Mit meinem Schreiben mal Geld verdienen
Das war mein Ziel, klein wenig – Kleingeld auch
bekommen!
Doch der große Traum, einmal oben zu stehen –
Ich habe ausgeträumt und nichts gewonnen!?
Oder!?

Doch! Ich stellte mich meinen Ängsten
So oft und wieder mal!
Ich wollte sie lediglich bekämpfen!
Doch; Zweifel, Sorge, Kummer – waren immer da!

Ich wollte wissen wie es ist
Aus der Scheiße wieder aufzustehen!
Und heute muss ich sagen –
Ist es hart, darin nicht unterzugehen!

Wollte mir selbst etwas beweisen
Doch was bewies ich mir?
Nun ist es die Erkenntnis
Auf diesem Blatt Papier!

Doch eine Frage, diese beschäftigt mich
War ich jemals glücklich!?
Warum –
Warum, erinnere ich mich nicht!?

ANTRIEBS-
MOMENTE

KAMPFANSAGE
MIT LETZTER KRAFT
ENERGIE

BEKANNTLICH JA DIE SCHERBEN
AUCH SIEGER HERVOR
WEITER, IMMER WEITER

TEILERFOLGE
BÄUME AUSREISSEN
WURZEL UND ANKER

KAMPFANSAGE

NACH AUCH NOCH
SO VIELEN NIEDERLAGEN
DAS JAHR, ES BLEIBT
BEI SEINEN 365 TAGEN

RICHTE DEN BLICK
WIEDER NACH VORN
SOLANG' DU LEBST
IST NICHTS VERLOR'N

WIE VIEL SCHEISSE
DU AUCH FRISST
ES ZÄHLT ALLEIN
WO DU AM ENDE BIST!

DAS ZIEL VOR AUGEN
DES WEGES SCHRITT GESETZT
ZIEH ES DURCH, MACH DEIN DING!
AUCH ALLEIN – GEH BIS ZULEZT!

DIES IST EINE KAMPFANSAGE
NACH DEM AUFSTEHEN JEDER NIEDERLAGE
BRINGE ZU ENDE, DIES WAS BEGONNEN
NUR WER DURCHZIEHT,
HAT DIE CHANCE GENOMMEN UND GEWONNEN!

DRUM FÜRCHTE DICH NICHT
MACH FÜR DICH DAS BESTE DRAUS!
DER WEG IST IMMER DAS ZIEL
SO SIEHT DAS WARE SIEGEN AUS!

MIT LETZTER KRAFT

ALLES WIE ES IST
SO IST ES ZERFAHREN
ALLES WAS JETZT ZÄHLT
DEN KOPF OBEN ZU BEWAHREN

VIEL IST GEGEBEN
KOSTETE KRAFT IN DIESEM LEBEN
SCHWARZE TAGE
HART DER STAND IM KALTEN REGEN

DOCH ICH GREIFE NOCH EINMAL AN
VORAUS MIT LETZTER KRAFT
UND ICH GLAUBE GANZ FEST DARAN
DASS ICH, AUCH DIESE HÜRDE SCHAFF'

LETZTEN ENDES BLEIBT
AUCH KEINE GROSSE WAHL
DENN WER LIEGEN BLEIBT
DER DARF BITTERBÖS' BEZAHLEN

UND MEINE RECHNUNG
DIE MACHE ICH STETS ZULETZT
DENN MIT MEINER LETZTEN KRAFT
STOSSE ICH VOR IN DIESES GEFECHT!

MIT ALLERLETZTER KRAFT
WILL ICH AM ENDE SAGEN KÖNNEN
VERDAMMT!
ICH HABE ES GESCHAFFT!

ENERGIE

DIE DEPRESSION IST EIN
VERDAMMTES PHÄNOMEN!
GEHT ES MIR SCHEISSE SCHREIBE ICH –
TEXTE ZUM UNTERGEHEN!

DOCH BRECHE ICH DANN
DIESEN HARTEN EISERNEN BANN
HAUE ICH TEXTE ÜBERS KÄMPFEN RAUS
ICH BOXE MICH DURCH, SCHLAGE MICH RAUS!

DAS SCHREIBEN IST UND BLEIBT
MEINE WAHRE SCHMERZSTHERAPIE!
EMOTIONSGELADEN BIN ICH ALLEMAL
OB IN DUNKLER ODER HELLER ENERGIE
WENN ICH DIE DEPRESSION WIEDER
AUF DEN BODEN ZWÄNGE
HABE ICH WIEDER DIE KONTROLLE
ÜBER DIE GANZE LEBENSLÄNGE

DOCH IMMER WIEDER PACKT SIE MICH
SIE IST TÜCKSICH UND WARTET SO HEIMLICH
WENN ES MIR SCHEISSE GEHT UND ICH PASSE –
EINEN MOMENT NICHT AUF –
DIESER MOMENT,
NIMMT MIR DEN ATEM UND FÜR DIESE SEKUNDE
GEBE ICH KURZ AUF!

DOCH DANN KOMME ICH ZURÜCK –
SO WIE ICH ES JETZT AUCH TU
UND DANN SETZE ICH DER DEPRESSION
MIT HARTER FAUST, IHRER FRESSE ZU!!!

BEKANNTLICH JA DIE SCHERBEN

EIN GROSSER TRAUM
AUSGERICHTET AUF DAS ZIEL
RIGOROS UM TUNNELBLICK
WOLTLE DRAN GLAUBEN, ICH WILL DEN SIEG!

NAHM VIEL ÄRGER UND SCHEISSE IN KAUF
NACH JEDEM TAL. GEHT'S WIEDER BERGAUF!

UND WER MICH IN –
MEINER DRECKSZEIT DAVON ZIEHT
HAT DIE GEILSTE –
MEINES LEBENS, AUCH NICHT VERDIENT

BEIM JEDEM SCHAFFEN
UND AUCH BEI JEDEM ERREICHEN
TRITT MAN INS GLÜCK, ABER AUCH –
DABEI IN MANCHE SCHEISSE!

WER HEUTE GEHT
DER BRAUCHT NICHT WIEDERKEHREN!
VIELES WIRD IM RAUCH AUFGEHEN
UND DAS GLÜCK, BRINGEN BEKANNTLICH JA DIE
SCHERBEN!

AUCH SIEGER HERVOR

DIE GEDANKEN UND BLICKE
SIE ERSCHWEREN SICH
DENN DIE TRÄUME UND ZIELE
SIE ENTFERNEN SICH

DAS IST ZUNÄCHST EINMAL
WIRKLICH SEHR BITTER!
UND EIN STURM VERWANDELT SICH
ZUM HEFTIGEN GEWITTER!

JA, DAS IST DIE REALITÄT
UND SO HART SIE JETZT AUCH SCHLÄGT!
DENKE ZURÜCK, ÜBER DEINEN WEG –
SAG, WAR ALLES REIBUNGSLOS BIS HIERHER?

DAS GANZE LEBEN,
ES IST NICHT LEICHT
DOCH HART KOMMT'S NUR,
WENN MAN DIE SEGEL STREICHT!

HALT DEIN GESICHT –
GEGEN DEN RAUEN WIND!
DENN HARTE ZEITEN DOCH – AUCH SIEGER
HERVOR BRINGT!

NUR WER NACH DEM FALL –
WIEDER AUFSTEHT, WIRD NICHT VERLIEREN
DAS LEBEN IST ZU SCHÖN UM EINFACH NUR –
IM DRECK ZU KRIECHEN!

WAS AUCH IMMER DICH
IN DEINE KNIE ZWINGT
ES KOMMT NUR DARAUF AN
WAS DU ENTGEGEN BRINGST!

SOLANGE DU LEBST
SOLANGE DU AUCH ALLES VERSUCHST
SOLANGE – KANN ALELS WERDEN
DU VERLIERST, WENN DU NIX MEHR TUST!

WEITER, IMMER WEITER

JAMMERN, MECKERN,
HEULEN, SCHREIEN –
ES BRINGT DICH NICHT WEITER!
IST DA OBEN,
DAS ENDE DER FAHNENSTANGE!?
DANN MAL RUNTER VON DER LEITER!

LIEBER EINEN SCHRITT –
ODER AUCH MAL ZWEI ZURÜCK!
ALS WIE IN DIE TIEFE STÜRZEN, BEI DEM
GANZEN ZURÜCKGELEGTEN STÜCK!

SO DENKEN WIR
UND WÜNSCHEN ES DOCH OFT
ABER WIE WIR JA BEKANNTLICH WISSEN
KOMMT UNVERHOFFT JA VIEL ZU OFT!

UND DARUM;
WENN DU AUCH MAL, IN DIE TIEFE FÄLLST
KEINE SCHANDE – KEINE BANGE!
SOLANGE DU AN DIR SELBST FESTHÄLTST!

SOLANGE DU AN DICH GLAUBST
IST AUCH ALELS MÖGLICH!
WICHTIG IST JEDOCH NUR –
DASS DU DICH WEITER TRAUST!

FALLEN WIRD JEDER MAL
RÜCKSCHLÄGE GEHÖREN ZUM LEBEN
WICHTIG! WEITER, IMMER WEITER
NUR NICHT AUF DER STELLE TRETEN!

GIB NICHT AUF!!
NICHT JETZT!
UND NIE!

EGAL WIE TIEF
WIR AUCH SINKEN
IN JEDEM VON UNS –
DA STECKT EIN GENIE!

TEILERFOLGE

AN ZIELEN UND AN TATEN
SICH MESSEN
KLEINE ERFOLGE SIND TEILERFOLGE
LERNE SIE ZU SCHÄTZEN

KLEINE SCHRITTE
STEHEN AM ENDE IM GROSSEN WERT
DENN AUCH DIE KLEINEN,
SIE SIND MANCHMAL SCHWER!

BLEIB DRAN AN DEINEM WERK
LASS DIE ZEIT NICHT VERSÄUMEN
DENN KEIN ZIEL IST ERREICHT
WENN ES AUCH SCHÖN IST IN DEN TRÄUMEN!

BLEIBE DRAN –
GIB WAS DU KANNST
DEIN ERGEBNIS WIRD SEIN –
WAS DU DIR SELBER ABVERLANGST!

NIEMAND BESTIMMT DEN WERT
DEN DU DEINEN TRÄUMEN GIBST
DENN DIESE TRÄUMST NUR DU ALLEIN
DARUM GIB ALLES, FÜR WAS DU LIEBST!

DIE TEILERFOLGE SIND
IM RESULTAT DAS GROSSE GANZE
LASS DEINE TRÄUME, ZIELE WERDEN
UND SIE ERSTRAHLEN IN ALLEM GLANZE!

BÄUME AUSREISSEN

KENNST DU AUCH DAS GEFÜHL
VON DIESEN TAGEN,
AN DENEN DU BÄUME AUSREISSEN KANNST!?
DANN SCHÄTZE DAS GEFÜHL
DEN HÖHENFLUG, SAMMEL DARAUS DIE KRAFT
UND SO VIEL VON IHR, WIE DU NUR KANNST

KENNST DU AUCH DIESE MOMENTE
WENN DURCH DIE DICKEN NEBELWÄNDE –
ENDLICH WIEDER LICHT ZUM VORSCHEIN
KOMMT?
UND KENNST DU DIESE AUGENBLICKE
AUF DER GANZEN STRECKE – WENN DER REGEN
NICHT MEHR FÄLLT UND ENDLICH WIEDER DIE
SONNE SCHEINT!?

HEY, MAN! LASS UNS GEHEN
GEHEN ZUM BÄUME AUSREISSEN
LASS UNS ALL DEN BALLAST UND SCHROTT
VON DER SEELE SCHMEISSEN

HEY, DANN! ZIEHEN WIR LOS
SETZEN DIE SEGEL, RAUS AUFS MEER
ZU VIEL IST EINFACH ZU VIEL –
SEELENSCHROTT HAFTET ZU SCHWER!

REISS DIE LEINE, LASS JETZT LOS
LETZTER GEDANKE, NEUER ANSTOSS
GEHEN JETZT ZUM BÄUME AUSREISSEN
LASS UNS ALLES, VON DER SEELE SCHMEISSEN!

WURZEL UND ANKER

REISS DIE WURZEL
AUS DEM BODEN!
WERF DEN ANKER
NICHT ÜBER BORD!

DER WIND IM SEGEL
ER STEHT GÜNSTIG
WEITER NACH DEM KOMPASS
RICHTUNG NORD!

KEINE WURZELN SCHLAGEN
ERFREUEN UNS AN FREIEN TATEN
AUS FREIEN STÜCKEN LEBEN
ICH STEHE DAFÜR, WAS SPRICHT DAGEGEN?

DAS LEBEN FÜHLEN
AM LEBEN SEIN!
SOLANGE DU LEBST –
WIRST DU AUCH LEBENDIG SEIN!

NEHMEN WIR DIE HÄRTE
AUF DIE LEICHTE SCHULTER
SO (ER)TRAGEN WIR UNS LEICHTER
DURCH DIESES LEBENSMUSTER!

NICHT MEHR IM KUMMER SCHWIMMEN
LIEBER IM GLÜCK ERTRINKEN
LASSEN WIR ALLE SORGEN ABBRENNEN
BIS DIE FLAMMEN DANN ERSTICKEN!

Freudenmomente

Freudenmomente

Freudenmomente
Dies sind die Momente –
Voller Glück und das Schätzen
Des Wertes, denn selbstverständlich ist hier nichts!

Diese schönen Freudenmomente
Wenn die Seele berührt wird
Wenn das Herz fühlt und lacht und –
Es aufwacht, nach guter Nacht

Freudenmomente
Sind auch Glücksmomente
Mein Glücksmoment war definitiv –
Als meine Tochter auf die Welt kam

Dieser kurze Augenblick
Dieser nur so kleine Moment
Er ist tief in meinem Herzen
Unterscheidet sich von allem, was ich kenn'

Jetzt wächst sie auf und
Sie wird groß
Sie ist mein wahres Glück
Zweifellos!

Einen Text schreiben

Es ist etwas banales
Eigentlich

Ich genieße es
Im Cafè zu sitzen
Und dabei einen Text zu schreiben

Eigentlich
Etwas alltägliches
Doch sind es Besonderheiten –
Im Einzelnen
All die Zeilen,
die aus dem Augenblick, im Herzen bleiben

Freude und Glück
Sind oft in Einem
Ein ganzes Stück

Zur Erinnerung

Gerade in meinen nicht angenehmen
In den schwierigen Depri-Phasen
Ist es gut und wichtig mich doch zu erinnern
An alle Glücksmomente

Doch fällt es so schwer
Wenn der Schleier das Licht bedeckt
All die Freudenmomente sind dann –
Leider, wie weg!

Dann brauche ich die Zeit
Die Ruhe, habe den Nachholbedarf
Denn alles was im Tempo rauscht
So schnell, komme ich gar nicht nach!

Die Depression sie nimmt alles an sich
Sie staffelt sich – von Mal zu Mal
Bis sie alles ergriffen hat
Dann ist es eine finstere, trübes Tagesfahrt!

Und so freue ich mich umso mehr
Wieder diese Zeilen hier zu schreiben
Denn neben all dem negativen Mist
Weiß ich doch, dieses Mittel wird mir bleiben

Glück zu finden

Frei vom Neid
Frei von Missgunst
Keine Spur von Missempfinden
Dort gibt's das Glück zu finden

Getragen vom Gefühl
Gefühlt mit Herz und Seele
Das sind wahre Glücksmomente
Bleibe bei den Schritten dieser Wege

Nimm dir Zeit
Um auch mal inne zu gehen
Füge die Bilder zusammen
Um diese Welt hier zu verstehen

Finde den Frieden in dir
Trage ihn für dich durchs Leben
Habe Güte, Dankbarkeit und Freude
Lebe, liebe – in Sonne und auch bei Regen

Mutterliebe

Beschützt
Besorgt
Und auch wohl behütet
In aller Mutterliebe
Voller Güte

So geht sie
Schrittlein für Schrittlein
Des Weges mit dem
Kleinen Kindlein

Die Mutterliebe
Die solche Sorge trägt
Um des Kindlein
Wohlergehen

Diese Frage

Wären all die Wünsche, die wir haben
All die Träume, die uns tragen – doch,
die Ziele die wir erreichten
In unseren Lebenstagen

Ich gehe oft in mich
Denke und male meine schönsten Gedanken aus
So großartig und bunt –
Sehen alle meine Wünsche, Träume und Ziele aus

Doch so stelle ich mir auch, hin und wieder –
Diese eine Frage, was wenn doch
Alles erzielte, geträumte und gewünschte wahr wär'
Würde ich noch wahre Freude tragen?

Oder wäre doch all die Euphorie –
Diese Lebensenergie
All diese Gefühle im Hoch
Nur noch flach, banal und Routine!?

So stelle ich diese Fragen
Die doch so berechtigt sind
Doch die Antworten darauf –
Diese kennt nur der Wind

Düstere LYRIK

HORRORLYRIK Christian Hofmann

aus dem Sammelwerk **Entgegen der Zeit** ©

Düstere LYRIK *Musik-Genre*

Als etwaiges Album angedacht:
Tracklist/Setlist

01. Bözius
02. Durch der Wälder Bäume
03. Winter dieser Welt
04. Ein Tag anbricht
05. Wenn ich weine
06. Diese Nacht
07. Vorwürfe
08. In den Fäden meiner Haut
09. Wenn die Seele Feuer fängt
10. Das Geld!
11. Und jetzt in dieser Welt

BÖZIUS

Wohin gehe ich des Weges?
Wohin zieht's mich, wohin bewegt's mich!?
Ich wandere am schmalen Grat
Auf einem wirklich dunklen Pfad

Wo geht's hin, und wie geht's zurück!?
Ich entferne mich, sicher, so Stück für Stück!

Pre–Refrain;
Nasser Sand und kalter Stein
Ich geh' des Weges ganz allein
Verirrt, verwirrt, verrannt –
Woher ich kam, ich nicht mehr fand!

Refrain;
Und aus der Tiefe da –
Steigt das Bözius-Monster auf!
Längst vergessene Biler
Ein Schrecken aus dem Zeitverlauf!

Alles was doch ist –
Es doch vergessen war
Es leuchtet nun auf im Licht
So deutlich und ganz klar!

Es ist ein Wintermorgen im Februar
Eisige Kälte, trüb und grau – nur Nebel da!
Solange Zeit liegt's doch schon zurück
Doch es kommt mir näher, mit jedem Stück!

Pre–Refrain;
Nasser Sand und kalter Stein
Ich geh' des Weges ganz allein
Verirrt, verwirrt, verrannt –
Woher ich kam, ich nicht mehr fand!

Refrain;
Und aus der Tiefe da –
Steigt das Bözius-Monster auf!
Längst vergessene Biler
Ein Schrecken aus dem Zeitverlauf!

Wohin gehe ich des Weges?
Wohin zieht's mich, wohin bewegt's mich!?
Ich wandere am schmalen Grat
Auf einem wirklich dunklen Pfad

Wo geht's hin, und wie geht's zurück!?
Ich entferne mich, sicher, so Stück für Stück!

DURCH DER WÄLDER, BÄUME

Nacht für Nacht
So zieht er durch die Träume
Wenn alles schläft, er dann erwacht
Zieht über Felder, durch der Wälder, Bäume

Wenn die Menschen
Allesamt am Schlafen sind
Er, dann so erwacht –
Und sein Spiel beginnt

Er war einst ein –
Sehr trauriger Clown
Er wurde verspottet und
Die Menschen wollten ihn nicht anschauen

Ausgestoßen und mit –
Tränen auf seinen Wangen
An jenen Tagen hat er,
in Träumen seine Rache angefangen!

Refrain;
Und immer, wenn es tönt
BAM-BIM-BIM-BIM-BAM
Dann ist er da und er bringt Furcht
Bis die Menschen schreien, denn dies will er hören!

2x BAM-BIM-BIM-BIM-BAM

Er war nicht gern gesehen
Im einstigen Zirkuszelt

Kein Glück gefunden in,
der großen Schausteller–Welt

Er wurde dort nur –
Gepeinigt, erniedrigt, war verpönt
Darum zog er weit fort
Und kommt heute in den Träumen, wenn es ertönt

2x BAM-BIM-BIM-BIM-BAM

Und heute, so zieht er
Durch aller Menschen, Träume
Jagt sie dort so – Nacht für Nacht
Und er fragt, er schreit Warum, denn ihr, nicht alle
lacht!?

Refrain;
Und immer, wenn es tönt
BAM-BIM-BIM-BIM-BAM
Dann ist er da und er bringt Furcht
Bis die Menschen schreien, denn dies will er hören!

2x BAM-BIM-BIM-BIM-BAM

WINTER DIESER WELT

Jedes Jahr
Zur gleichen Zeit
Kommt er in –
Eiseskälte angeschneit

Väterchen Frost
Ihn man so nennt
In seiner Hand hält er
Den Winter dieser Welt

Eisigkalte Nächte
Die er uns beschert
Dunkle Tage und die
Menschheit sie friert!

Refrain;
Und die Menschen träumen
Vom Licht und vom warmen Wind
Doch Väterchen Frost –
Ist des Menschen Spiegelbild
Und der Winter, er ist seine Zeit
Er fürchtet weder hartes Eis noch Dunkelheit

Finster und auch
So lichtbetäubend
Folgt er uns
In unsere Träume

Jedes Frühjahr
Zieht er dann hinfort

Doch er vergisst nicht
Seines Jahres, festen Ort!

Und jedes Jahr im Winter
Da ist es soweit
In Eiseskälte –
So kommt er angeschneit

Refrain;
Und die Menschen träumen
Vom Licht und vom warmen Wind
Doch Väterchen Frost –
Ist des Menschen Spiegelbild
Und der Winter, er ist seine Zeit
Er fürchtet weder hartes Eis noch Dunkelheit

So mühselig –
Sein Werk und Tun doch ist
Denn der Mensch
Er ändert sich nicht!

So bringt er wieder
Eis und kalten Schnee
Der Mensch auf Erden
Er ädert sich nie!

EIN TAG ANBRICHT

Es ist der Lauf der Zeit
Mich quält das Wissen –
Um die Vergänglichkeit!
Ich will nicht nur so, einfach – sinnlos sein!

Ich will nehmen
Doch auch, bereit zu geben
So gehe ich, verloren meiner Gedanken –
Auf vertrauten und gewohnten Wegen

Es quält mich, die Erkenntnis
Zwischen dem Leben und dem Tod
Die Ewigkeit gegen das endlose Nichts
Ewig dieser Kampf, zwischen Schatten und Licht!

Bridge;
Ich glaube für mich,
dass nach dem Tod nicht das Ende ist
Da kommt noch etwas
Doch quält es, nicht zu wissen was es ist!

Refrain;
Denn nach jedem Schatten, folgt das Licht
Nach der Nacht, ein Tag anbricht!
Nach jedem Start, geht's auf zum Ende
Nach jedem Ende, kommt ein Neuanfang!

Mich beschäftigen diese Fragen
Auf die es keine Antworten gibt!
Zumindest nicht in gegenwärtiger Form

Außerdem, was in der Bibel steht!

Der Anfang und ein Ende
So soll es wohl richtig sein
Also muss der doch der Tod –
Somit, nach dem Leben, ein neues sein!

Ich zerbreche mir den Kopf
So oft und auch so lang!
Gedanken und Visionen –
Vom Ende bis zum Neuanfang!

WENN ICH WEINE

Wenn ich weine dann
Tränen aus Blut
Es sind die Tränen der Welt
Von Unrecht und Unmut

Ich leide
An der Ungerechtigkeit
Ich zerreiße mich Tage lang
Und auch Nächte weit!

Ungerechtigkeit die ich –
Nicht mehr ertragen kann
Ich weine Tränenblut
Und es kommt kein Neuanfang!

Refrain;
Mir sagt die Pflicht
Ich müsste doch bei dir sein!
Doch dann stirbt mein Gefühl
Denn dies halte ich nicht aus!
Mir schmerzt dabei Brust und Bein!
Ich leid mit den Sorgen aller Welt
Weil keiner mitfühlt –
Und mich das alles quält!

Ich sehe hier tagtäglich
All das Weltgeschehen
Und ich frage mich, wie können sie
Darüber nur so hinwegsehen!?

Wenn ich weine dann
Tränen aus Blut
Es sind die Tränen dieser Welt
Von Missachtung und entfachter Wut

Wer hat das alles hier
Denn bloß so bestellt!?
Ich ersaufe in meinen Tränen
Verloren, so scheint mir die ganze Welt!

DIESE NACHT

Ich schreibe mir
Diese Nacht hier, um die Ohren!
Spüre die Qual, fühle den Schmerz
Doch, ich werde noch tiefer bohren!

Ich bin die Schande
Und ich bin keine Träne wert!
Mir scheint es, als wären –
Meine Wege stetig verkehrt!

Ich bin wirklich keine Tränen wert!
Etwas in mir das tickt, jedoch aber verkehrt!
Ich bin so süchtig nach diesen Zeilen
In aller Hoffnung, dass alle Wunden in mir heilen!

Ich hatte mal ein gutes Herz
Freude und Liebe wollte es teilen
Qualen, Kummer und Schmerz sollten,
es dann eines Tages, so ereilen!

Refrain;
Ich habe geliebt, was ich nun hasse!
Ich habe gelebt, doch es ist am Verblassen!
Ich reichte 1000-mal die Hand
Und man riss mich nieder!
Das gute Herz in Flammen
So wie ich war, werde ich nicht wieder!
Kein Mensch ist ohne Grund, so wie er ist!
Für alles im Leben, eine Erklärung geschrieben ist

Hass und Wut haben mich
Stetig und fortan zerfressen
Mich und die Liebe meines Seins
Weggeätzt und auch vergessen!

Weinet nicht um mich!
Ich bin wirklich keine Tränen wert!
Etwas in mir das tickt, jedoch aber verkehrt!
Ich bin so süchtig nach diesen Zeilen
In aller Hoffnung, dass alle Wunden in mir heilen!

Ich bin schon zu weit
Und am Ausweg, auch schon lange vorbei
Mein Herz steht im lichterlohen Feuer!
Und die Flammen, sie brennen heiß!

Abgekommen von meinem Weg
Liebe und Mitgefühl, hatte ich mal einst gewählt
In Asche und Schutt nun alles liegt
Für eine Umkehr, ist es an der Zeit zu spät!

VORWÜRFE

Ich bin gegangen
Ich gehe, waren meine Worte!
Ich habe alles zurückgelassen
Vielleicht öffnet nun die Hölle mir die Pforte!

Mit all den Vorwürfen muss ich nun leben
Für all den Rest meiner Lebenszeit
Trauer, Kummer, Vorwurf – begleiten mich
Durch mein ganzes Seelenleid!

Ich zerreiße mich
Nehme mich auseinander
Ich bin der Fehler, die Schande
Das Chaos für ein Durcheinander!

Ich bin der Hebel, der sich bewegte
Und die Untat so in Gang auch setzte
Ich habe das alles nicht gewollt
Ich bin das Verderben, verdammt, ich verletzte!

Refrain;
Nichts und niemand
Kann mir mehr hier helfen!
Nichts kann man –
Von all dem wieder reparieren!
Niemand wird mich je verstehen
Meine Gedanken sie sind am Brennen
Warum, musste das Leben in mir
Im Leben hier, alles ruinieren!?

IN DEN FÄDEN MEINER HAUT

Ein Metal-Song
Ein Gitarren-Sound –
Rettet mir das Leben
In dem man mir, Steine um die Ohren haut!

Vieles habe ich verbockt
Gegen all den Schmerz
Höre ich ich Metal und Rock!
doch in jener Wunde, da bohrt tief der Stock!

Ich leide jeden Tag
Erbittert wie ein Hund!
Sand im Getriebe
Ich reibe mir die Seele wahrlich wund!

Ich habe mehr als –
Doch nur einmal Scheiße gebaut
Ich will weg, ich will raus!
Doch ich bin, in den Fäden meiner Haut!

WENN DIE SEELE FEUER FÄNGT

Jeden Abend
Spreche ich rauf zu dir
Mit schwerem Herzen
Mit meiner Last –
So wende ich mich hin zu dir!

Ich bete und ich bitte
Beschütze die Menschen –
Die ich liebe, mache dafür –
Was du machen willst mit mir!

Ich habe nie
Hier etwas Großes erreicht
Habe nur Gefühl –
Für Menschen die mir nahestehen

Auch bitte ich dich
Um den Frieden in aller Welt
Auf die Nachrichten hin –
Welche ich doch tagtäglich sehe!

Wenn die Seele
Feuer fängt
Dann das Herz,
ganz schnell auch brennt

Wenn der
Kleine Funken übergreift
Dann gerät in Brand
Auch bald das ganze Fleisch!

DAS GELD

Was ist man wert
Hier auf dieser Welt
Ohne liquide Mittel, ohne Kohle
So ganz ohne das Geld!?

Das Geld, es bestimmt
Wer du bist, was du auch hast
Was du willst, du es kaufst
Du es jederzeit doch kannst!

Das Geld, es teilt uns –
In jeweilige Klassen ein!
Gesellschafts-Schichtmodell
Es bestimmt, nur das Geld allein!

Wer hat, der kann
Wer kann, ja der hat!
Wer hier nicht kann, ist der –
Der nichts hat!

So gestrickt, so gepolt
So gefächert –
Unser tolles System - Gesellschaft -
Wer am meisten hat, hat voll die Becher!

Man muss sehen, wo man hier, bleibt!
Wenn du nix hast, wird es eine eisigkalte Zeit!
Selbst erlebt, ich weiß wovon ich spreche!
Die Wut, der Groll auf die Gesellschaft
Warum ich kotze! Warum ich breche!

UND JETZT IN DIESER WELT

Wo einst Hoheit und
Tollkühne Helden lebten
Wo die Träume hoch
Bis auf den Wolken schwebten

Wo die ganzen Regenbogen
Über den Horizont gespannt
Verlorene Heimat im –
Längst vergessenen Land

Kindheitsträume
Alte Bilder ins Grau verstaubt
In dunklen alten Kammern
Sind die Märchen allesamt verstaut

Chroniken um Monster
Riesen und auch Drachen
Der dreiköpfige Riesenvogel
Die Farben der Seiten sind am Verblassen

Doch ich hole die legendären
Alten, mystischen Märchenbücher hervor
Ich schließe meine Augen und –
Stehe nach der Reise vor dem Fabel-Tor!

Dort wo einst doch
Das Einhorn mit den Elfen spricht
Wo die Fee noch zaubert
Wo ich doch sagte, dass es mein Zuhause ist!

Refrain;
Und jetzt lebe ich hier in dieser Welt
Die so hässlich und brutal doch ist!
Ich will zurück zu mancher Märchenstunde
Wo der Drachen und der Troll, mein Freund doch ist

Mir wird so schlecht in dieser Welt
Wenn ich alles sehe und so ertrage
Wie schön, waren da doch in der Kindheit
So manche Stunden meiner Märchentage

BONUS – TITEL

GEDANKENSPANNE
ALLE GLEICH
VALENTINSTAG

Ausgeschrieben
Ausgeschrieben Anhang

GEDANKENSPANNE

Mir geht's nicht gut
Fühle mich mies und kalt
Meine Brust sie schmerzt
Schon viele Tage alt!

Mir ist kalt
Die Sonne scheint auf den Schnee
Und die Flocken –
Sie tanzen im eisigen Wind hin und her!

Das Frühjahr nähert sich
Mit langsamen Schritten
Zwischen Winterschmerz und Depression
Befinde ich mich, inmitten!

Mein Schmerz –
Er hält in einer Gedankenspanne
Er macht mir das Leben schwer
Und dies auch schon so lange!

Ich schaue hinaus
Und ich blicke nur die Dunkelheit
Hoffnung und Trost
Fern, alle Tage weit!

Trauer ist in mir
Wut und Frust sind entsprungen
Nichts ist erreicht
Nichts ist mir gelungen!

ALLE GLEICH

Ich sehe Leid
Eine harte Zeit
Und dazu Ungerechtigkeit
Ich bin es so leid!

Ich kann die Augen schließen
Doch dies behebt nicht das Problem
Wenn alle immer wegsehen
Wird es hier, niemals besser werden!

Ich fühle Schmerz
Gequältes Herz
Kummer, Sorgen, Traurigkeit
Was für eine hoffnungslose Zeit!

Jeder ist sich selbst der Nächste
Schaut wo er nur bleiben kann!
So war es immer, so wird es bleiben
Nichts ändert sich, auch nicht irgendwann!

Doch wenn alle Dämme brechen, so wollen sie –
Bessere Menschen werden, so ihre Versprechen
Doch wenn die Flut uns alle niederreißt
Liegen wir alle im Dreck und dann sind wir alle gleich!

VALTENTINSTAG

So rot, wie die Rosen
So rot – wie Blut!
So rot, so sind die Herzen
Zum Valentin

Geschenke kaufen
Geld austauschen
So voll, sind dann die Kassen
Zum Valentin

Valentinstag
Es ist – Valentinstag
Im Endeffekt ein Tag,
wie doch jeder andere auch!
Man(n) kauft rote Rosen
Denn rot, so sind die Herzen
Ein Tag für den Geldaustausch
So ist seit Jahren, dieser Schwachsinns-Brauch

So rot, wie der Mond
Rot – die Flaschen im Weindepot
So rot, so sind die Herzen
Zum Valentin

Geschenke zur Anerkennung
Valentin, so lautet die Benennung!
So füllen sich die Kassen
Händler, die es sich gut ergehen lassen!

Ausgeschrieben

Es geht um weitaus mehr
Als nur das Geld verdienen
Es geht ums Durchhalten
Allein, meinem Kind zu Liebe

Ich bin auf der Suche
Nach dem perfekten Weg
Ohne Spuren, ohne Schilder
Nirgends, er ausgeschrieben steht!

Und so suche ich meinen Anker
Den Leuchtturm in der Not
Rettung auf hoher See
Es versinkt das letzte Boot

Ich sehne mich nach Ebbe
Doch die Gesellschaft erntet Flut
Bin schon halb ertrunken
Gebrannt im Feuer, in aller Hitzeglut

Und keiner der da fragt, wie es mir geht!
Was ich will und was mir so schwerfällt!
Alle wollen und fordern immer von mir!
Bin ihn so leid, den Zirkus dieser Welt!

Ich habe Angst mich zu verlieren
Mein eigenes ICH zu verraten
Mich an die, zu verkaufen
Bin der Zweck ihrer großen Zahlen!

Ausgeschrieben Anhang

Dieses, was mich so beschäftigt, kann ich nicht mal in Reime fassen!

Jeden Tag, denke und träume ich mein Leben!
Wünsch und Vorstellungen, wie mein Leben doch sein sollte und könnte...

Täglich mich am Arbeitsplatz kaputt machen, ist das, was ich in der Vergangenheit zu Genüge ausgehalten habe!
Ich weiß um die Schädigung meiner Gesundheit, um die alle andren nicht wissen!
BURNOUT
DEPRESSION
ÄNGSTE
PANIKEN
Alles nichts Fremdes für mich!

Mir ist einfach nur bewusst geworden, es geht um MEIN LEBEN – UND UM MEINE GESUNDHEIT!

Und die Bewusstheit dieser, ist die Verbindung zur Vergänglichkeit, somit das Bewusstsein des Sterbens!

Jeden Tag aufs Neue, sagt das Bewusstsein mir;
„Du musst nicht leiden"!
„Du musst dich nicht quälen"!
„Denn du, du hast nur dieses eine Leben"!

Dem Tod so bewusst, dass ich täglich nur in Gedanken lebe! So geht's mir in aller Wirklichkeit, in meiner reinen Wahrheit!

Daher macht mir jeder Arbeitstag von 8 Stunden, auch dieses verdammte DURCHHALTEN so schwer!

Es fällt mir so schwer, zu erklären – wie und was meine Seele so quält!
Es ist die Ungerechtigkeit dieser Welt, welche meine Augen tagtäglich sehen!

Es sind die Lügner, die mich seit Jahren doch betrügen und belügen!

Ich verdiene Geld!?

NEIN!

ICH BEKOMME GELD!!!

Verdienen tue ich weitaus mehr, doch
VERDIENEN UND ERHALTEN
Sind kleine aber ganz, ganz feine Unterschiede!

Wem soll ich all die Trauer, den Kummer, den Frust –
Denn noch erzählen!?
Wohin damit!?

Denn letzten Endes, ist jeder für sich – doch allein!

Bonusmaterial aus 2021

Brennen (Gedacht als Metal-Song)
Neues Leben (Metal-Song)
Kurzzitat: Kraftakt
Kunst des Lebens: Kurzzitat
Des Schicksals Schlag
Weg zurück
Letzte Momente
Auf den Asphalt
Lebensträumer
In den Arm
Konto (Klamauk)
Deine Wege (für mein Kind)
Kein Segen
In diesem Zimmer
Gedanken über Begegnungen (Harte Realität)
Finstere Augen
Der Wahnsinn
Engel sind im Feierabend
Ein fast witziger Text
Meine Gedanken
Ja ich kann
Jahr und Tag
Dabei geblieben
In der Gesellschaft
Eckstein
Gedankenbruch / Grenzen

Das Blechdosen–Monster (Kurgeschichte)
Konzepte – Bildgalerie

Brennen (Metal–Song)

Blicke die sich treffen
Sie reißen tief unter die Haut
Täuschung der Gefühle
Vertraut und nun durchschaut

Augen die sich berühren
Herzen stehen in Flammen
Es Sind betäubende Gefühle
Die wir doch alle kennen!

Bridge:
Ich kann nicht lieben
Das weiß ich nur zu genau
Heiß ist das Feuer in dem wir liegen –
Nein! Ich will nicht brennen!

Refrain:
Die Liebe –
Die Liebe sie ätzt und sie verletzt
Die Liebe sie kann brennen –
Ich muss das Kind beim Namen nennen
Und dann doch die Frage
Wie es wäre sich zu berühren
Doch dann tragen wir wieder Narben
Ich lasse mich nicht verführen
Doch es ist wohl allzu menschlich –
Der Mensch spielt mit dem Feuer gern
Und immer wieder – wird es brenzlig!

Keine Schönheit und kein Duft
Denn beide werden auch mal welk
Die Gefahr wieder zu brennen
Dieses Risiko vor dem Kontrollverlust

Ganz ohne Zwang, ganz ohne Drang
Dieser Moment, der noch so – GANZ – erscheint
Ganz frei, von jeglicher Bindung
Ganz ohne Scherben, einfach – GANZ –
Bevor es ganz kaputt ist, dann ist es auch wieder vorbei!

Bridge + Refrain: 2x
Ich kann nicht lieben...

Die Liebe –
...
Wird es brenzlig

Outro:
Nein! Ich will nicht brennen!
Nein! Ich will nicht brennen!
Nein!
Ich will nicht – brennen!

Neues Leben (Metal–Song)

Es sind
Schmerzen, die beißen
Die mich zerreißen
Mich verletzen, mich zerfetzen!

Ich bin die Schande
Ich bringe Scherben
Jedem Glück –
Dem bringe ich Verderben!

Bin aus dem Ruder
Aus dem Gleichgewicht
In dunkler Lyrik
Schreibe traurig ein Gedicht

Was war mal da?
Was ist gegangen?
Wie oft habe ich –
Schon versucht, neu anzufangen

Refrain:
Ich will ein neues Leben
Befreit von Dunkelheit
Denn sie ist in mir vertieft
Aus Tagen jüngster Zeit
Die Befreiung – aus den Klauen
Diese Chance scheint mir nichtig
Ich habe es so oft versucht
Was ist noch heilig, was ist noch wichtig?

Es brennt das Herz
Feurig heiß, so ist der Schmerz!
Er beißt, er reißt
Er verletzt und zerfetzt!

Mein Inneres ist am Leiden
Schmerz und Qual, zu fies sind die Beiden!
Kummer und Sorgen die sich –
Dazu noch vereinen!

Warum brennt es so in mir?
Warum ist die Hölle hier?
Warum ist sie da und –
Warum bin ich in ihr!?

Von Trauer längst befallen
Vom Leid qualvoll erschlagen
Dunkelheit in mir, schon –
Seit den jüngsten Tagen!

Refrain; 2x

Kraftakt

Dieser Moment –
Wenn;
Die Kraft dich packt!
wenn;
Alles leicht ist –
Dann ist es kein
Kraftakt!

Kunst des Lebens

Die Kunst des Lebens ist;
Sich von der Realität nicht linken zu lassen!

Bei aller Wahrheit, nicht die Lügen glauben
Nicht auf sie hereinfallen, nur –
Den eigenen Augen trauen!

Des Schicksals Schlag

Die Beute packen und
Mit den Raben fliehen
Oder im Ententeich in aller Ordnung
Ruhig, seine Kreise ziehen

Zündeln bis das Stroh,
dann Feuer fängt
In der Bahn, in fester Spur die,
die Richtung lenkt

Seemann oder Kaufmann
Aufstieg oder Untergang
Matrose oder Kapitän
Des Schicksals Schlag, kannst du nicht wählen!

Ghetto oder Reichenviertel
Drückt die Hose fest im Gürtel
Gedankengang am Zaun entlang
Du bist was du bist, dein Leben lang

Veränderungen
Kannst du versuchen
Dieses Leben –
Kannst du lieben oder verfluchen

Alles was man wählt,
ist die Entscheidung die man trägt
In Liebe und im Hass
Von allem, sind wir – etwas

Weg zurück

Der Weg zurück
Dorthin, wo ich einst war
Er ist –
Steinig schwer zu gehen

Was verliere ich!?
Wen verrate ich!?
Letzten Endes –
Doch nur mich!

In dieser Gesellschaft
Sein Gesicht verlieren
Ist für mich so
Verdammt und schwer!

Doch ohne –
Eine große Wahl
Hast du auch keine
Optionen mehr!

Ich verliere, verrate
Mich für die –
Gesellschaft!
Für mich oder für dich!?

Wohin laufe ich?
Wo steht denn der Takt?
Bist du unten angekommen –
Gering die Wahl, du hast verkackt!

Letzte Momente

Letzte Momente
Letzte Augenblicke
Noch einmal, letzte –
Gedanken-Schritte

Wieder nähert ein Moment –
Sich seinem Ende
Dieses Buch, es spricht
Wahrlich Bände

Alles gesagt
Alles gegeben, alles getan
Alles geschrieben
Buch mit mehr als sieben Siegel

Ein Buch in ganz –
Eigener Gestalt
Voller Schichten, voller Seiten
In voller Vielfalt

Alles gegeben
Alles getan
2021
Wieder drauf, auf meiner Bahn!

Auf den Asphalt

Der Regen fällt auf den Asphalt
Auch meine Träume
Sie fallen, ich greife nach ihnen
Doch sie finden keinen Halt

Das Leben da draußen, auf Vollgas
Meine Ziele auf der Bremsspur
Ich selbst befinde mich am Standstreifen
Zumindest aber, in freier Natur!

Die Bremsscheiben sind am Glühen
Die Zeit scheint so schön am Blühen
Aber nicht für mich
Denn abseits meiner Bahn befinde ich mich!

Regen fällt auf den Asphalt
Die Straße wird mit dem Nass bedeckt
Meine Träume prallen hart zu Boden
Platzen wie Seifenblasen, hat wohl alles keinen
Zweck!

Noch einmal eine Nacht drüber schlafen
Dann bleiben oder abhaken!
Der Weg wohin es geht, egal, denn er steht fest
Nur nicht stehen bleiben und abwarten!

Lebensträumer

Er war kein Vorbild
Und er war kein Arbeitstier
Er war halt er, er schrieb –
Über 3000 Seiten seines Lebens hier!

Er war kein Erob'rer
Von der Obrigkeit hielt er nicht viel!
Er war halt er
Und er lebte die Poesie!

Ich war weder ein Pirat, noch Grabräuber
Die Füllerfeder wird
Meinen Grabstein zieren
„Er war seines Lebens großer Träumer"

Gebrannt für seine Ziele
Gefürchtet keiner Wege
Das Wort in aller Schrift
Welches er liebte und auch lebte!

Seinem Leben versucht stets –
Gerecht zu werden!
In manchen Dingen gescheitert, doch möge er
Seinen Frieden finden, nach seinem Tun,
auf Gottes Erde!

Vermeintlich geglaubt
Versagt zu haben in der Liebe
Doch mein Kind, ist sie pur!
Mehr, als ich jemals verdiente!

In den Arm

Es gibt Tage, Umstände
Menschen, die einen in die Scheiße reiten!
Es gibt Tage, Umstände
Menschen, die einen aus der Scheiße befreien!

Berechnet, überlegt
Gut durchdacht, doch draufgelegt!
Zahlen die sich im Minus befinden
Und einfach nicht ins Puls verschwinden!

Strich unter Rechnung
Es ging durch die Lappen!
Alles einmal mehr in den Sand gesetzt
Kannst die Koffer packen!

Nichts geht auf nach Plan
Letzter Zug, auch der schon abgefahren!
Scheiße und Dreck
Nehmen dich so herzlich den Arm!

Getan, gemacht, geschaut
Chance im Prinzip versaut!
Regen, der fällt und lächelnd dir –
Jetzt in die Fresse schaut!

Konto (Klamauk)

Die Konfrontation
Mit meinem Konto
Gefällt mir wahrlich nicht
Sie macht mich nicht froh!

Alle wollen, alle holen –
Stets bei mir mein Bestes
Bis da nix mehr steht
Mir bleiben bloß ~ Die Reste vom Feste ~

Das finde ich nicht korrekt
Doch es schert nur einen Dreck!
Man holt und holt bei mir
Monat für Monat, immer dasselbe hier!

Und ich weiß nicht
Soll ich denn heulen oder lachen!?
Denn egal, was ich ja auch tu –
Sie werden es ohnehin doch machen!

Deine Wege (für mein Kind)

Ich möchte, dass du
Deine Wege gehst
Dass du, auf deine eigene Art und Weise
Diese Welt siehst und für dich verstehst

Sei du selbst zu jeder Zeit
Stehe konsequent zu dir
Denn Vorsicht – Falsche Liebe
Sie entfernt dich weit von dir!

Mein Kind ich liebe dich
Ja, ich liebe dich!
wirklich sehr und zwar noch mehr als –
Mein eigenes verdammtes Leben!

Deine Sicht
Die hast auf dieses Leben
Lass dir sie, nie –
Aber auch niemals nehmen!

KEIN SEGEN

Wenn du ohnehin nichts hast
Dann noch in der Klemme steckst
Dann hat das Leben dich wieder am Kragen
Nicht weit weg, dass du wieder Scheiße leckst!

Kein grüner Zweig
Mehr an Soll als Haben
Es wird schwärzer als schwarz!
Es sind aussichtlose Lagen!

Mit dem Kopf im Dreck
Der Hals in der Schlinge
Halte still, mache keinen Schritt
Halte den Stand der Dinge!

Bis die Scheiße wieder sinkt
Ist kein Segen da, der Hoffnung bringt
Wenn du ganz unten liegst
Dann kommt es immer knüppeldick!

IN DIESEM ZIMMER

Ich schreibe hier im Höhenflug
All die Texte in meinem Zimmer
Doch es ist Lockdown, non stages!
Geht es denn noch schlimmer!?

Oh, oh-oh, yay –
My life is like an endless winter!
Ich sitze alleine hier und schreibe
Um mein Leben, in diesem Zimmer!

Sometimes
Without light in my mind
Oh ich sehne mich und brauche sie –
Meine wunderbare Sommerzeit!

Shattered memories on the sky
Mein Level am Limit
Doch ich bleibe dran, bin dabei
Auch der Lockdown, der geht vorbei!

BEGEGNUNGEN (HARTE REALITÄT)

Wir begegnen
So vielen Menschen
Wir verlieren
So viele Worte

Wir reden und reden,
doch allzu viel –
Aber wissen letzten Endes
GAR NIX voneinander!

Dies ist eine Nachricht,
welche wohl niemals zugestellt wird

Der Therapeut hört zu
Weil er damit Geld verdient
Falsche Freunde hören zu
Weil sie Missgunst hegen

Die Menschen –
Die man doch sehr liebt
Denen erzählt man nicht alles,
weil der Schmerz zu stark doch wiegt!

Der Feind hört zu
Aus Neid und Boshaftigkeit
Der Bettler hört zu
In der Hoffnung auf eine kleine Spende!

Den Menschen auf der Straße
Ihnen hört niemand zu, warum also –
Soll ich traurig sein und das Recht haben wollen
Dass man mir zuhört!!!

Und abends liege ich
Immer lange wach
Einzuschlafen fällt so schwer
So geht's kopfüber in die Nacht!

Gedanken hängen schwer an mir
Wie der Klotz am Bein!
Ist doch eigentlich nur alles halb so wild
So wird es doch immer sein!

Gedanken über Begegnungen...

Finstere Augen

Ich vernehme ernste Blicke –
In ihren Gesichtern
Finstere Augen, erloschen ist –
Jeglicher Glanz der strahlenden Lichter!

Hektische und nervöse
Aggressive und frech, gar böse
Die Mimik, die Gestik, die Haltung!
Willkommen in der dollen Gesellschaftsspannung!

Es fließen da –
100.000.000 Volt
Seelen im Arsch
Herzen auch total verbeult!

Kummer, Ärger, Stress –
Dies spricht aus dem Gesicht
Sprechen, ist was hier
Schon fast unmöglich ist!

Wir werden hier verarscht, ausgespielt
Aber richtig nach Strich und Faden!
Bis hinten gegen, ist der Bolzen –
Im Schloss längst angeschlagen!

Hier geht der Arsch
Auf Grundeis
Bezahlen sollen wir
Für jeden Scheiß!

Und dieser Lockdown
Ist wie ein eingefrorenes Leben
Ob dies alles hier, so wahr ist!?
Maske auf! Man soll gar nicht drüber reden!

Der Wahnsinn

Schwarz-weiße Bilder
Sie zeichnen meine Träume auf
Ich verlasse die Farbwelt
Steige die Treppen des Wahnsinns rauf!

Eine Stimme die da sagt;
„Bleibe stehen"!
Eine Hand die winkt mir zu
~ Ich soll weitergehen ~

Stimmen die so –
Traurig klingen
Hände die da doch
Energisch schwingen!

Und ich folge diesen Stufen
Immer weiter die Treppe rauf
Beim Anblick nach unten
Kotze ich die Seele, dem Leibe aus!

Wahnsinnig und so total abgedreht
So ist dieser Traum
Stufen, nichts als Stufen
Keine Türen und kein Raum!

Ich verirre mich in Gedanken
Verliere mich beim Treppen steigen
Ich gehe blind dem Wahnsinn entlang
Keine Engel die mich begleiten!

Engel sind im Feierabend

Manche Fehler wiegen schwer
Wie starker Nebel in wachender Nacht
Wie im Tiefschlaf unter Vollrausch
Unbedacht, einfach gemacht!

Doch die Rechnung kommt
Wenn der Ober sie bringt
Der letzte Tropfen Glück vergossen –
Bevor der Gedanke in Trauer schwimmt!

Bilder kreisen davon in weite Leere
Einsamkeit erfüllt den Raum
Gottverlassen und ganz ohne Trost
Welch ein seelenloser Traum!

Ich drifte davon, entferne mich jeglichem Ufer
Keine Rettungsstelle ist in Sicht
All die Engel sind im Feierabend
Ich leuchte hell auf, doch man sieht es nicht!

Die Rechnung folgt
Nach vollbrachter Tat, dann wird sie serviert!
Die Quittung so nutzlos!
Nur ein Fetzen aus Papier!

Ohne Anker, ohne Segel
Raus aufs offene Meer
Keine Aussicht auf eine Rettung
Manche Fehler, sie wiegen schwer!

Ein fast witziger Text

Mit hungrigem Magen und –
Einem leeren Einkaufswagen
sollte man nicht, durch die Regale
In dem Einkaufsladen, fahren!

Ist die Katze gereizt
Sind die Ohren gespitzt
Die Krallen ausgefahren
So wird im Fauchen losgeritzt!

Ganz still, so leise sollte es sein
Doch ganz laut, so warst du
Nur lauter hingegen war –
Dagegen im Käfig der Kakadu!

Abends ausgelegt, die Mausefalle
In der Nacht geholt, ganz leis den Speck
Am nächsten Morgen, nicht gedacht an die Falle
Der Fuß er tritt, es klappt, ein Schrei! Was ein Dreck!

Des einen Witz, des andern Leid
Der Eine lacht, der Andere schreit!
Wahre Freude, doch einst die Schadenfreude!
So ist es Leute, damals schon, auch so noch heute!

Meine Gedanken

Wenn meine Gedanken,
dann verschwinden
Meine Träume,
die dann beginnen

Ich versinke tief –
In diesem Traum
Alles in bester Ordnung
Man glaube es kaum!

Die Sonne, sie scheint
In den Tiefen Wald hinein
Der Traum entfaltet, dieses Gefühl –
Es kann so befreiend sein

Keinerlei Gedanken weit
Träume leben auf so frei
Mir geht's gut, so darf es doch,
bitte für immer sein!

ja ich kann

Ja, ich kann
Schreiben und schreiben
Und ich muss
Meines Lebens leiden

Was auch war
Und was auch ging
Manches ging schief, aber eine gute Zeit –
Die gab es auch, definitiv!

Meine Träume groß
Doch die Chance ist gering
Der Wunsch lebt in mir
Seit meinem Schreibbeginn!

Verkannt sind meine Werke
Nicht groß der Name
Werde nicht berühmt
So wohl, ich für mich still sterbe!

Philosophiert, reflektiert
Im Kreuzfeuer mit meiner selbst
Hass, Groll, Wut und Depression
Erlebt, erkannt, aufgestanden nach jedem Fall!

Es gab da gute und
Es gab da auch schlechte Zeiten!
Ein Auf und ein Ab
Zwischen dem Erfreuen und dem Leiden!

Jahr und Tag

Seit Jahr und Tag
So zerbreche ich mir meinen Kopf
Ich denke stundenlang nach
Wie komme ich zu meinem Ziel!?

Die Gedanken, sie sprengen mir –
Meinen ganzen Schädel
Steinhart ist mittlerweile meine Seele
Schwer wiegt das Herzgefühl

Immer wenn ich denke
Der Durchbruch eilt herbei
Dann stürze ich tief und –
Der Fall ist wahrlich frei!

Ich bin einsam mit meinen Gedanken
Mit dem Leid, so treibe ich umher
Meine Zeit sie wird vergeudet
Dies schmerzt mir wirklich sehr!

Dabei geblieben

Von meinen Träumen
Ist keiner wahr geworden
All die Ziele, sie waren Wünsche
Dabei ist es auch geblieben!

Es ist die Depression
Die in meinen Gedanken hängt
Es ist der Niedergang
Meiner kleinen Welt!

All die Träume, viel zu schön –
Um doch Wahrheit zu sein
Wäre ich doch verloren in einem,
von ihnen – um weit weg zu sein

Jetzt schreibe ich wieder
Mit blauer Tinte auf einen Fetzen Papier
Trage Traurigkeit, den Tränen nah
So träume ich mich fort von hier!

In meinen Träumen bin ich
Was ich so gerne sein möchte, frei!
Selbst der Regen schaut –
Mit einem Lächeln auch vorbei

Der kleine Quälgeist,
er springt auf und ab durch mein Hirn
Pocht und hämmert –
Zu meinem Schmerz, von innen an die Stirn!

In der Gesellschaft

Gedeckte Haltung
Der Kopf ist eingezogen
Ich bin es satt, bin es leid
Hier wird man verarscht und belogen!

Die da oben machen sich
Mehr als nur die Taschen voll
Lug und Trug –
Von ungefähr, kommt hier kein Groll!

In der Gesellschaft
Muss doch jeder sehen wo er bleibt
So die Schlagzeile es doch,
von Zeit zu Zeit, immer wieder neubeschreibt!

Gefeiert wird das ganze Jahr
Sowieso, das ist doch klar
Solange hier, auch wird bezahlt –
Strahlt die Gesellschaft, wunderbar!

Willkommen in dem Irrenhaus
Suche hier, deinen Platz dir aus!
In der Manege, ist kein Platz mehr!
In der Loge, ist die Elite, Billigplätze sind noch leer!

Es ist fast ein Paradies
Aber lediglich, nur fast
Denn die Regie ist längst geführt,
doch dieser Platz ist ein – abgesägter Ast!

Jeder will nach oben
Jeder will mehr und alles haben
Doch sind die Hände so voll
Kann man mehr, so nicht mehr tragen!

Auf die Manege wird gesetzt
Die Loge ist längst besetzt
Doch keine Angst, auf den Billigplätzen
Dort, du Platz nehmen kannst!

Eckstein

Jeden Morgen verspüre ich Brustweh
Ich habe Schmerzen, wenn ich aufsteh
Fühle mich morgens schon so schlapp –
Und so müde, wenn ich erwach

Ich bin so müde vom Durchhalten
Jedes Kämpfen kostet mich so viel Kraft
Tag für Tag, immer und immer wieder,
bis ich es irgendwann nicht mehr schaff!

Traurigkeit zieht durch mein Gemüt
Tränendrang den mein Herz verspürt
Meine Seele, sie ist am Leiden
Ich fülle endlos solche Seiten!

Warum bin ich so traurig?
Warm fällt mir das Lachen schwer?
Loch im Herzen, Gefühle sind tot
Bin nur noch Hülle, innerlich leer!

Ich bin der Eckstein
Unter Millionen runden Steinen
Wo alle lachen und feiern,
bin ich traurig und am Weinen!

Gedankenbruch

Bevor etwas gelingen kann oder soll, muss
man sich zunächst erst einmal von den
negativen Vibes lösen!

Sich von ihnen distanzieren, entfernen, sie
auslöschen!
Dies ist sicherlich leichter gesagt als getan!

Verstehe und begreife, dass negative Gefühle
durch Zweifel, Angst, Trauer und Schmerz
hervorgerufen werden kann!
Unzufriedenheit, keine innere Ruhe und
Anspannung, sind oft noch Begleiter zudem.

Denke auch darüber nach, wie es ist oder
wäre, wieder Freude, Liebe, Lachen – das
Hochgefühl zu erleben, zu fühlen, zu spüren,
es wieder zulassen zu können.

Das Negative und das Positive, werden immer
im Kampf sein! Stetig fechten sie ihren Streit
aus, was für dich denn innerlichen Unfrieden
bedeuten kann!

Was ist dein Traum?
Was ist dein Wunsch?
Was ist dein Ziel?

Was hast du bereits getan?

Was ist bereits entstanden?
Was ist dein nächster Schritt?

Was ist dein nächster Traum und wie ist dein
Raum?
Wie ist dein Ziel, was investierst du und wie
viel?

Wenn du Träume hast, Ziele verfolgst und
ganz fest daran und an dich selbst glaubst –
Dann wirst du es schaffen, die Ängste und
Zweifel zu besiegen!

„Die Angst zu überwinden, ist der Schlüssel zum Erfolg"!

Ziehe ein Fazit über all das, vom Ursprung
bis zum Jetzt!
Alles was du bisher erreicht hast und was du
noch erreichen möchtest.

Überlege dir Strategien, denke über mögliche
Partnerschaften nach, die deine Interessen,
deine Träume teilen, deinen Weg
unterstützen und bekräftigen können!

Grenzen

Es wird immer wieder Menschen geben,
welche dir sagen werden...
„Kannst du nicht"
„Schaffst du nicht"

... Was sie dabei, aber ganz klar und deutlich
machen ist, das sie ihre Grenzen aufweisen!

Denn, wer kann dich besser kennen, als du
selbst?

Es sind deren Ängste, deren Einschränkung,
die sie dir lediglich zum Ausdruck bringen!

Versuchen ist gut! Um den Mut über die
Angst zu stellen!
Scheitern, es ist auch gut! Es gehört dazu,
um aus Fehlschlägen zu lernen und daraus
folgerichtig handeln zu können!

Wenn ein Kind fällt, steht es wieder auf!
Wenn das Lernen vom Fahrradfahren nicht
direkt gelingt, verkaufen wir auch nicht
direkt das Fahrrad wieder!
Um am PC sicher arbeiten zu können,
nehmen wir uns auch die Zeit, die wir
benötigen!

Das Blechdosen-Monster

Kinder-Kurzgeschichte zum Beitrag des Umweltschutzes

Emma ist acht Jahre alt, sie geht in die 2. Klasse.
Mit ihren Klassenkameraden und ihrem Lehrer Herr
Werner, spaziert sie, in jedem Religionsunterricht durch
den Wald.

Herr Werner, zeigt den Kindern die Natur. Den Wald,
die Pflanzen, das Unkraut, Pilze, Tiere – alles was im
Wald, oder viel mehr in der Natur eben zu entdecken ist.

Herr Werner berichtet immer über die Wichtigkeit des
Umweltschutzes. Somit möchte er den Kindern ein
frühes Bewusstsein an die Hand geben, für ihren
weiteren Lebensweg.

In jeder Unterrichtsstunde, die die Kinder mit Herrn
Werner im Wald verbringen, entdecken sie Restmüll.

Sie finden alte Verpackungen, Kunststoffflaschen,
Blechdosen – im Grunde alles, was nicht in den Wald
gehört.

In einer Unterrichtsstunde, bemerkte Emma etwas
Seltsames.
Wie ein Geräusch, hat sie vernommen.
Es raschelte im Gebüsch. Jedoch war nichts zu sehen, als
sie dort nachschaut.

Beim weiteren spazieren gehen, huschte plötzlich etwas durch die Bäume. Emma schaut genauer hin und sagt ihrer Freundin Clara –
„Clara"!
„Schau mal dort"!
Clara schaute auch in die Bäume, die anderen Mitschüler von Emma und Clara haben es nicht mitbekommen.

Nach der Schule, geht Emma und Clara nochmals in den Wald, welcher nur fünf Minuten von der Schule entfernt ist.

Sie gehen an die Stelle, wo sie scheinbar etwas gesehen haben.
Tatsächlich, es raschelte wieder dort. Genau an derselben Stelle.

Emma und Clara gehen vorsichtig näher durch das Gestrüpp.
Plötzlich erschrecken Emma und Clara, denn sie trauen ihren Augen nicht.

Vor den beiden sitzt etwas.
Mit etwas ist fast gut getroffen, denn in der Tat sitzt da eine Art Monster, aber kein böses Monster.

Eher ein Monster, welches traurig ist und scheinbar weint.

Emma sagt vorsichtig –
„Hallo"
„Entschuldige, was ist mit dir los"?

Das Monster war sichtlich gerührt, denn niemanden hatte es zuvor gesehen, geschweige denn, mit jemandem gesprochen, da es sich in den Wäldern versteckt hat.

Das Monster hörte auf zu weinen.
Es sagte –
„Oh, Hallo"
„Ich wollte keine Aufmerksamkeit erregen, aber ich bin einfach traurig" – sagte das Monster.

Dann erzählt das vermeintliche Monster, seine Geschichte.

Es erzählt Emma und Clara –
Es gehen so viele Menschen hier durch den Wald. Junge und alte Menschen. Kinder und Erwachsene. Sie werfen einfach ihren Müll auf den Boden und lassen ihn liegen.

Ich lag zuerst ganz allein in einem Graben, als ich leergetrunken wurde, hat man mich einfach weggeworfen!
Mit der Zeit, kamen immer mehr Blechdosen hinzu.
Nun bestehe ich aus 26 Dosen!

Der Grund warum ich traurig bin ist, weil die Menschen mich einfach in den Wald geworfen haben.
Ich gehöre in eine Tonne zur Wiederherstellung, das bedeutet.
Wenn ich ausgetrunken bin, kann man mich in die Tonne werfen.
Dann werde ich mit ganz vielen anderen Dosen wieder in einem ganz großen Behälter zu einer neuen Dose.

Das hat den Effekt, dass ich die Natur nicht so sehr belaste und ich freue mich daran, wieder verwendet werden zu können.

Aber wenn mich die Menschen, einfach so im Wald wegwerfen, dann verliere ich den Sinn meiner Funktion, ich kann kein Getränk mehr sein, für Kinder oder Erwachsene, für Jung oder Alt!

Zudem werde ich dann zu einem „Blechdosen-Monster" Führte es am Ende, traurig und niedergeschlagen noch an.

Emma und Clara, sind auch traurig, nachdem sie die Geschichte des Blechmonsters hörten.

Emma fragt –
„Was können wir denn tun, wir sind doch nur Kinder"

Das Blechmonster sagte darauf –
„Das ist gar nicht schlimm, ob ihr noch Kinder, Jugendlich oder Erwachsene seid –
Werft mich einfach in den nächsten Mülleimer, denn dann kommen wieder nette Leute in orangenen Anzügen, die werden mich mitnehmen und ich kann wieder meine Funktion ausüben"

Emma und Clara freuten sich, so auch das „Blechmonster"
Denn Emma und Clara brachten es zum nächsten Mülleimer.

Es dient unserer Umwelt.

Die Dosen haben ihren Zweck erfüllt und werden wiederverarbeitet.

Und wenn es, noch mehr Menschen wie Emma und Clara gibt, ist der Wald auch nicht mehr so verschmutzt – und wenn der Wald nicht mehr verschmutzt ist, dann werden sogar vielleicht die Straßen eines Tages auch sauberer werden, aber dies – ist eine andere Geschichte

Das war die Geschichte des Blech-Monsters
© Christian Hofmann

Konzepte — Bildgalerie

Ich höre die Tropfen des Regens
Spüre die Stille vom Tag
Versunken in Gedanken und Träumen
aus denen ich nicht erwachen mag
Alles zieht vorbei - durch den Wind
über den Asphalt, mitten im Winter,
ein Sommerwind - erwärmt das ♡,
welches doch ist so kalt.
© Christian, Gedicht

evtl. + COMBI

ERLEDIGT

+ COMBI

NEUE TAGE, NEUE MOMENTE
NEUE AUGENBLICKE
NEUES GESICHT LOS UND AN
NEUE FRAGEN IN ANDEREN WORTEN
NEUES ERFAHREN AN ANDEREN ORTEN
ERINNERUNGEN FÜR JETZT & DANN!
© Christian, Kurzgedicht 22.01.22
LOS & AN

3 Gedichte

Was ist geblieben?
Das ist egal, mit den Bild?
Dann noch festhalten?
Was die Zukunft noch so fragt?

Wird alles was ich will ...
irgendwann mal Erfolg?
Hilft jede Welt einmal gesund?
Oder bleibt alles so wie ...

Frage oder Trage und
sie nehmen mir ein Grab
ihr Augen bleibt wach, ...

23.01.22 ICH HABE ANGST

Ich habe Angst -
Meinem ... nicht gefällt zu werden
Ich habe Angst
Vor unerfüllten Träume zu stehen
Ich habe Angst
Die größte ist vor dem Versagen
In aller ...
Seit dem leben mich doch zu ...
Kurzgedicht © Christian

ERLEDIGT

Zu welchen Klamauk -

Mach ich noch dafür ...
- Flasche ...
Feuer und Flasche gedicht
Der ... wieder an ...
blaut mit nicht
... Freunde, deine Verse

Ebbe und Flaute   25.X.22

Bin ich Kapitän aller Dichter?
Nie gehetzt, nie der Tran in
trockene Dichten-

Hier herrscht Ebbe
Ebbe und Flaute
Hier ist nix los -
... die Antwort oder Schiffbruch
... wertvolle

Ich füll die Fässer für Euch
So nervös voll mit 18, schnell der
Ich fei -
Tröpfchen Spit, Schlanke Poesie
Ich Der Dichter, ohne Ende zu -
Ich stehe jic   KLAMAUK
KLAMAUK

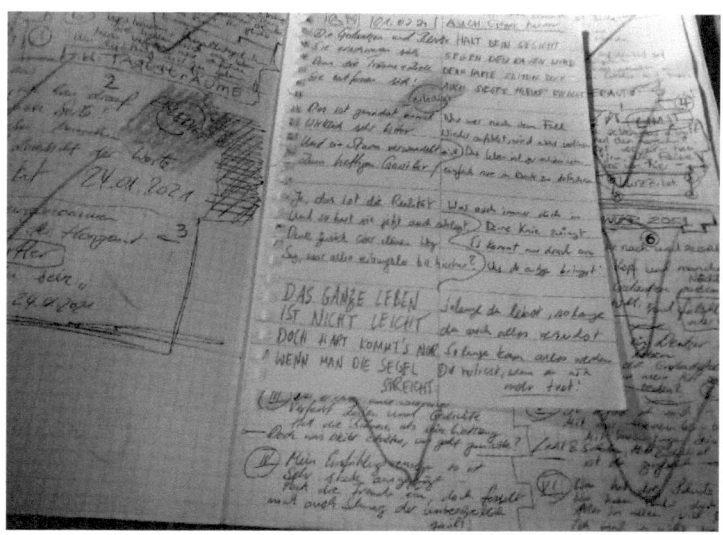

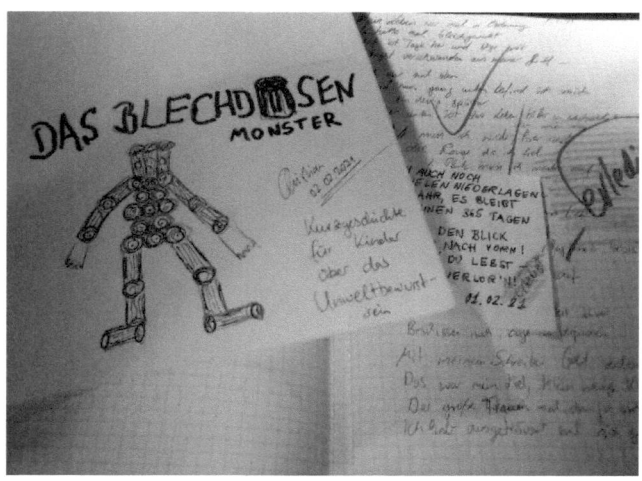

DAS BLECHDOSEN
MONSTER

... Das war das Buch –

Gedankenmomente

Bis zur nächsten Reise...

Herzliche Grüße, Ihr Autor

Christian Hofmann

SCHLUSSWORT

Wer da glaubt, dass ich für all meine Texte, für all die verfasste Lyrik – nur geliebt werden möchte und man alles gut finden möge,

der hat da etwas missverstanden!

Christian Hofmann, Winter 2021

Lyrik – Songtexte – Erzählungen – Belletristik
© Christian Hofmann Sammelwerk
ENTGEGEN DER ZEIT 2021 – BONUS ERWEITERUNG

So weit, wie es nur geht *(Literaturwettbewerb, 2021)*
Bei deinem Abschied *(Literaturwettbewerb, 2021)*
Kreditor und Debitor *(Literaturwettbewerb, 2021)*
Ein Herz gefasst
Depressive Scheiße
Zusammenfassung

OUTRO

So weit, wie es nur geht
(Gedanken)

Gedanken in Worte gefasst
Klar ist das Spiegelbild
Einsicht und Erkenntnis
So ist alles was ich will;

Raus aus dem Elend
Raus aus dem Dreck
So weit, wie es nur geht
So weit, will ich hier weg!

Niederlagen, sie beschriften
Viele meiner gelebten Tage
Doch eines steht fest, aufzugeben
Dies kam für mich nie in Frage!

Doch jetzt ist es an der Zeit
Den Zustand zu verlassen
Endlich mit den Sternen ziehen
Endlich meinen Träumen Form verpassen

An der Zeit mein Leben zu leben
An der Zeit mich an meine Seite zu legen
Lange an der Zeit, ich selbst zu sein
Ich trete vor, zurück bleibt nur brüchiges Gestein

Bei deinem Abschied
(Nachruf/Trauer)

Es ist nun das zweite Jahr
Sag mir wohin ging die Zeit
So oft höre ich noch dieses Lied
Das doch bei deinem Abschied lief

Und obwohl du gegangen bist
Hält dieses Lied, den Moment mir ganz fest
Weil ich dich tief in meinem Herzen trage
ist es so, dass du mich niemals verlässt!

Auch wenn die Zeit verrennt
Und wenn Himmel und Erde zwischen uns sind
Solange du in meinem Herzen bist
Solange hält das Leben uns nie getrennt

Und an manchen Tagen
Da schaue ich hin und wieder zu dir rauf
Sehe dich dort im Wolkenbild
So schaust du von dort oben herab im Zeitverlauf

Vergehen auch noch so viele Jahre
Die Erinnerung an dich, die ich im Herzen aufbewahre
Nichts und niemand, nimmt uns was wir erlebten
Bis zum letzten Tag, so werde unsere Zeiten ehren

Wenn ich eines Tages dir dann folge
In die Zeit der Ewigkeit
Dann werden wir uns wiedersehen
Weil nach dem Tod, beginnt die Unendlichkeit

Kreditor und Debitor
(Parodie nach einer Probearbeit)

Ich war eines Tages Probearbeiten
In einem Büro für Dielen und Parkett
Auch ich, lerne ja gern dazu
So dachte ich mir, der Tag er wird ganz nett

Es prasselte und rieselte jedoch
Fachspezifisch mir Begriffe um die Ohren
Man verwechselte meinen Beruf mit Handwerk
Boden legen, Leisten setzen und auch Löcher bohren

Auftragsbestätigungen, Angebotserstellung
Doch ich mag weder Kreditor noch Debitor
Meine Welt sind 2 Aluminium-Pfosten –
Dazu eine Aluminium-Latte, das Ganze - ein Fußballtor!

Lacke, Öle, Kleber,
Querschnittsberechnungen nicht mein Schema!
Böden, Leisten, Dielen
Ich weiß bloß, im Sortiment gibt es sehr viele!

Handwerk und Zerspanung
Ein Hund im Büro
Ihr Schreibtisch wurde geleert –
Denn sie verteilte die Arbeit an jeden und irgendwo

Sie ging spazieren mit dem Hunde
Währenddessen hatte ich Materialkunde
Venyl, Glanz, Landhausdiele –

Wie gesagt, im Sortiment – Böden sehr viele
Ob nun Eiche Natur
Oder doch Lärche satingrau
Wenn ich dort arbeiten müsste
So wäre mein Tag sehr mau!

Kork und Renovierungen
Vom Parkett, Treppen und Dielen
Wie gesagt, das Sortiment sehr schön
Und in der Auswahl, gibt's sehr viele

Schaumstoffe
Kleber, Silikon
Für mich alles Eins, Unterschiede –
Wo sind diese denn schon!?

Berechnung der Böden
im Meter zum Quadrat!
Geometrie quälte mich schon in der Schule
Welch ein zahlenreicher Tag!

Doch für mich –
Ist wichtig Wort und Schrift
Keine Flächenberechnung
Die ist für mich ein wahres Gift

Ich muss schreiben und
Denn dies tue ich wahrlich gern
Das ist meine Berufung –
Doch davon war ich weit weg dort, ganz fern!

Ein Herz gefasst
(Sieg & Niederlage)

Habe mir ein Herz gefasst
Mein Ziel ins Visier, es erfasst
Doch wie oft, habe ich letztendlich –
Die Chancen immer knapp verpasst!?

So viele Chancen schon probiert
So viele Dinge schon versiebt
Doch in jeder Niederlage verbirgt sich,
ein kleiner Teil vom Sieg!

Denn immer wieder aufzustehen
Ist ein Sieg nach einem Schlag!
Diese Kraft nie zu verlieren –
Ist die Zuversicht auf den neuen Tag!

Wie oft lag ich schon am Boden!
Gefühl von Schmerz längst bekannt!
Doch den Kopf, immer wieder nach oben!
Denn, sonst siehst du nie wieder Land!

Wie oft, habe ich sie nun schon geschmeckt!
Die Bitterkeit vom Niedergang-Geschmack!
Doch immer wieder zur Sonne geblickt!
Immer wieder neu angepackt!

Jetzt kommt ein neues Frühjahr
Wenn das Eis nun endlich bricht
Noch lange nicht am Ende!
Meine Stimme, dir mir da spricht!

Depressive Scheiße
(Aus dem Leben) *Depression / Wut*

**Das Jahr hat mich KRAFT gekostet
Hat mir vieles abverlangt
Es hat es mir echt schwer gemacht
Dafür schon mal VIELEN DANK!**

**Knüppel zwischen die Beine
Wenig Geld, doch es wollte SCHEINE!
Ich lebe im Kredit – NEGATIV fein!
Leben – bist du nun zufrieden, soll es so sein!?**

**Ich habe NIX, doch von allem zu gebrauchen
Schicksal, du wirst wohl nie abtauchen!
Bin gezwungen in die Knie, danke, ja vielen Dank!
Alle wollen HABEN, diese Welt sie ist so KRANK!**

**So viel Monat ist –
Vom GELD noch übrig, Mist!
Zu drehen und zu wenden,
NEIN, da ist nichts, was zu machen ist!**

**Alles beschissen und das,
ja dies so RICHTIG gut
Selbst die Verzweiflung lacht sich eins,
über die TOTALE WUT!**

Zusammenfassung
(Mein Leben) *Depression /Enttäuschung*

Wunschleben – nicht erfüllt!
Träume – weit von entfernt!
Realität – macht müde, zieht runter!
Zu wenig Geld um an meinen Visionen
Und an meiner Zukunft –
Zu feilen, zu formen
Lebe immer Kontozins! Gerade immer so 0 auf 0 im Monat

Was muss ich ändern
Wo setze ich an!?
Was muss geschehen!?
Fakt und Fazit – so wie es ist, kann's nicht weitergehen

Hass, Wut, Aggression
Sehne mich nach bessren Zeiten!
verfalle in Gedanken, in denen ich –
Mich so gerne aufhalte, weil sie mir so guttun!
So viele negative Erinnerungen haften!
Ängste, Sorgen, Panikattacken
Bronchial-Asthma
Jobs, die mir nicht gefallen haben!

Negativ begleitende Sätze wie;
KANNST DU NICHT
WIRST DU NICHT
SCHAFFST DU NICHT
GIBT ES NICHT
Du musst arbeiten –

Um Geld zu verdienen!
Für meine Umsetzung der Ideen,
gibt's keine Hilfe, kein Geld

Dadurch entsteht bei mir
FRUST!
TRAUER!
ZORN!
SCHMERZ!
WUT!
AGGRESSION!
PROVOKATION!

Stress, Psyche – Überforderung
Körperliche Beschwerden nehmen zu
Alles ist zu viel – dann; ticke ich aus!
Abbrüche! ENDE UND AUS!
Neuanfang
Neusortierung
Neuanfang über –
Neuanfang!

Keine Hoffnung vs. JETZT ERST RECHT!
Provokation, die mich wahrlich pusht!
Düstere Texte sind mein Ausgleich!
Antrieb und Glaube – irgendwann zu haben, was ich will!

Zu schnell emotional ergriffen!
Extremität in Trauer oder Euphorie!
Sofort impulsiv bei Ungerechtigkeit!
Negative Gedanken-Erinnerung!

Outro

2006 kam die Idee
Darauf folgte der Traum
Stein für Stein, seitdem –
An meinem Weg am Bauen

2015 zog es mich dann auch
Letztlich auf die Bühne
Ich spürte meine Chance
Sie beginnt zu blühen

Und so zogen bis zum heutigen Stand
Einige Jahre nun ins Land
Das Schreiben es läuft es glatt
Werde die Seiten niemals satt!

Habe Brücken erbaut
Gegeben und vertraut
Manche riss ich wieder ab
So geht's halt auf und ab!

Zufrieden mit dem, was ich schaffte!?
Vieles habe ich gerissen
Doch des großen Traumes Ziel
Dies bin ich noch am Missen!

Erhobenen Hauptes –
Bin ich stolz, auf das was war?
Traurigkeit sie überwiegt
Tag um Tag in jedem Jahr!

Vieles gegeben, alles probiert
Viel verloren, denn viel riskiert!

Wunden mir zugezogen
Welche auch Narben hinterlassen
Mein Weg, mein Ziel
Würde ich wieder genauso machen!

Das Schreiben ist mein Leben
Zeilen-Leidenschaft
Annähernd ist da nix, was mir
Solche Freude doch macht!

Das letzte Album

Sammelwerk 2021

Zeichen meiner Wege

Gedankenakzeptanz
Der Kopf schmerzt
Untergang der BRD
Der Philosoph
Kleines Licht
Spiel ohne Ziel
Des Lebens Kinder
Druck auf der Seele
Gründe & Ballaststoffe
Stille im Wald
Zeichen meiner Wege
Sehnsucht

Sammelwerk Entgegen der Zeit©
Christian Hofmann

2021

Gedankenakzeptanz
(Gedanken)

Ich wünschte ich könnte einfach –
Mal ein anderer Mensch sein
Doch eben mal so einfach,
dies fällt mir so verdammt schwer!

Und jede meiner Niederlagen
Ziehen einen runter in die tiefsten Täler
Ich habe echt nix nennenswertes –
Zudem auch die null in meinem Zähler!

Und abends stehe ich so da
Schreie mich im Schein des Mondes an
Doch auch die Schreie ändern,
an meiner ganzen Lage dennoch nix dran!

Niemand garantiert dir –
Deinen Erfolg!
Niemand garantiert dir –
Die Erfüllung, von dem was du träumst!

Die Zeit sie holt sich
Im Laufe ihres Seins
All das, was du erlebst, woran du dich erinnerst
Und was du auch versäumst!

Der Kopf schmerzt
(Depression)

Es gibt diese Tage, da erwache ich mit -
Kopfschmerz, mit Schwindel – Depression!

Es ist als ob jemand
In meinem Kopf rum rührt
Vieles läuft verkehrt
Habe das Gefühl, dass ich sterb`

Ich habe oft Schwindel, Schliere im Sichtfeld
Verschwommen ist mein Blick!
Dieser Druck auf meiner Brust
Gefühl – dass ich erstick!

Der Kopf schmerzt
Druck unter der Schädeldecke!
Nacken verspannt, zu lachen fällt schwer
Hände in den Taschen, das Herz ist so leer!

Das Schlimme, was mich so zerfrisst
Zu wissen, dass man damit einsam ist!
Es ist hart damit allein zu sein
Keiner, fühlt auch nur einen Hauch in mich
hinein!

Die Gesellschaft, klar –
Sie trägt mit an der Schuld
Zu meinem Leid aber auch,
meine verdammte Ungeduld

Untergang der BRD
(Provokation)

Wann ist eigentlich
Der Trauer-Feiertag –
Im gedimmten Licht,
zum Untergang der BRD!?

Überhöhte Mieten
Kredite und Renditen
Leiharbeit und Sklaverei
Rassistische Hetzerei

Rechte Parolen
Aufstände und Schlägereien
Image, sie werden gestohlen
Schwarzgeld – eine Menge Kohle!

Die Politik, sie macht –
Ihre Äuglein zu und winkt durch!
Wir gehen unter, ganz getrost –
Also, habe keine Furcht!

Die Wirtschaft diktiert
Der Politiker, er kassiert
Und der Bundesbürger, ist der –
Der ständig brav pariert!

Der Philosoph
(Gedanken)

Waren es die Frauen
War es das Schreiben
War es der Wunsch –
Ewig gern, auf Erden zu bleiben!?

Was war das Schönste –
Im Leben gewesen!?
Musik zu hören, zu fühlen –
Oder Bücher zu lesen?

Das Strahlen der Augen,
meines Kindes zu sehen!
Ich fühle die Liebe zu ihm,
sie wird alles übergehen!

Was überwiegt –
In Erinnerung dieser Tage
Trauer oder Freude
Sieg oder doch die Niederlage!?

Was kann ich tun
In all der Zeit
Beim allem, was mir
Noch so bleibt!?

Kleines Licht
(Arbeit / Arbeitslos)

Du bist
Ein echtes Arbeitstier
Somit
Das Gegenteil von mir!

Ich – sitze bloß hier
Schreibe und verfasse
Meine Bücher und –
Verbrauche Papier!

Du bist,
ein fleißig wahrer Arbeiter!
Ich bin lediglich ein
Texteschreiber und war mal Leiharbeiter!

Du verdienst, mit deinem ganzen
Einsatz, mit deinem Tun
Ich bezahl` Verlagsgebühr –
Bin weder reich, noch habe ich Ruhm!

Ein kleines Licht
Nur das, dass bin ich!
Andere haben sich,
schon bereichert durch mich!

Spiel ohne Ziel
(Werdegang)

Ich habe in meinem Leben
Schon so oft von vorn begonnen
Bin dort, wo ich hin wollte –
Niemals wirklich angekommen!

Mein Leben scheint –
Wie eine endlose Reise
Spiel ohne Ziel
Und der Wind, er singt ganz leise

Ich treibe dich durchs Leben
Ohne einem Ziel zu gehören
Ich bin sein, ich bin sein –
Dieser Stimme Worte, die kann ich hören!

Und so bin ich verstreut im Wind
Verloren, wie das kleine Kind
Ohne Rast und ganz ohne Ziel
Zu verlieren, da gibt's nicht viel!

So fegt der Wind mich hinfort
Über Straßen, Felder, von Ort zu Ort
Asphalt, Regen, Stein und Sand
Der Wind trägt mich an seiner Hand!

Des Lebens Kinder
(Gedanken)

Ich wünschte –
Ich wäre wie ein Computer
Schicht zu Ende!
Ich fahre das System herunter!

Doch so einfach,
ist das Leben nicht!
Denn Gedanken kommen
Gedanken bleiben und sie gehen nicht!

Alles vergeht –
Und kommt doch wieder!
Im gewohnten Lauf,
der Jahreszeiten!

Sommer, Frühling
Herbst und Winter
Wir sind alle doch
Des Lebens Kinder!

Druck auf der Seele
(Gesellschaft)

Man soll, man muss –
Immer anders sein!
Akzeptiert zu werden,
wie man ist, fällt ihnen nicht ein!

Ich habe Träume
Auch Wünsche und Ziele
Zerreden und zerstören –
Dies können sie, alle und viele!

Verdiene ich Geld
So bin ich also gut!
Tanze ich aus der Reihe, bin ich böse
Weil man dies doch nicht tut!

Ich leide dabei, so ungemein
Wut und Aggression
Steigert sich dabei –
Ganz toll und ganz fein!
Das Herz wird kalt, die Seele hart wie Stein!

Ich will sein, so wie ich bin
Kriegt es in eurem Schädel, doch auch –
Endlich genauso einmal hin!
Zu sein wie ihr es wolltet, ist der Grund –
Warum ich psychisch kaputt gegangen bin!

Gründe & Ballaststoffe
(Gesellschaft)

Mit mir selbst und meinen Gedanken,
ich mich zoffe!
Die Gesellschaft liefert; Gründe und auch
Ballaststoffe!

So reichhaltig mit Sorgen und Problemen –
Finanzieller Art, darum dreht es sich im Leben!

Ich als Bundesbürger soll –
„FRESSE HALTEN UND MACHEN"
Um der Elite da oben,
ihre dreckigen Taschen voll zu machen!

Ich bin's satt! Ich bin's echt leid!
Mein Leben, es ist meins!
Auf dem Weg durch die Zeit
In meiner eigenen Geschwindigkeit

Stark ist mein Antrieb
Den ich mir selbst auch zünde
Ich bin die Gesellschaft leid –
Der Grund, den ich jetzt hier verkünde!

Ich, gehe nicht blind durchs Leben!
Euerer Scheiße, will ich nicht nachreden!
Ich hasse euch dort oben, mein Versprechen!
Den auferlegten Zwang, werde ich brechen!

Stille im Wald
(Gedanken)

Sonntagmittag, Sonne scheint
In Gedanken verträumt
Woche liegt zurück
Zukunft ist entfernt, noch weit

Der Blick, von meinem Autofenster
In den schönen Wald
So schön ruhig ist das Leben, kein Lärm –
Kein Stress! Hier will ich bleiben, bis ich bin alt!

Die Stille im Wald
Das weite Meer
Nur diese Freiheit fühlen
Ich brauche nicht mehr!

Kein Mensch zu sehen so, weit und breit
Meine Seele die – nach Ruhe und Frieden
schreit!
So ganz allein, kann ich am besten –
Vollkommen, ganz ich selbst doch sein!

Ich höre nur das Rauschen –
Des Windes, herrlich angenehm!
Mit der Freiheit an der Seite
So will ich durchs Leben gehen!

Zeichen meiner Wege
(Seelenleben)

Welch ein doch,
verrücktes Leben ich führe!
Chaotische Geschichten –
Leid und Schmerz, was mich berührt

Ich bin geschieden
Und ich habe mein Kind
Traurigkeit spiegelt sich,
im Fluss – wenn ganz still ist, der Wind!

So verrückte Geschichten
Schreibt abermals mein Leben!
Trauer trage ich, Kummer fühle ich
Ich bleibe stumm und kann nicht reden!

Das Herz zerreißt
Freiheit sie ruft
Ich kann niemals glücklich sein!
Denn mir geht's nie gut!

Scherben und Trümmer
Sie zeichnen meine Wege
Ein Teil in mir stirbt immer
Ganz egal, wohin ich auch gehe!

Sehnsucht
(Gesang / Songtext)

Ein letzter Tanz
Ein letzter Blick aufs Meer
Schwer, so wiegt die Sehnsucht
Reise ohne Wiederkehr

Die letzte Rose
Sie wird ganz welk
Der letzte Traum
Nun auch vom Himmel fällt

Die Sonne scheint im –
Abendhimmel tief
Der Horizont so weit
Es erklingt sanft diese Melodie

Letzte Schritte
Sind getreten im Sand
Das Herz verloren
Nur noch Leere in der Hand

Und die Seele atmet ein
Und tief – und aus
Sehnsucht, Fernweh
Man kommt aus der Haut nicht raus!

35 Jahre

35 Jahre
Was wird anders sein?
3
Drecksloch
Ich laufe herum
Jetzt auf gleich
Wintertrauer
Leblose Tage
Halte ich durch
Depri-Montage

Sammelwerk Entgegen der Zeit©
Christian Hofmann

2021

35 Jahre
(Selbstkritik)

35 Jahre vergangen
Mehr als 1000-mal versucht –
Ganz neu anzufangen!
35 Jahre nichts auf die Reihe
bekommen
Zähle mehr verlorene Spiele –
Wie die, die gewonnen!

Mit Träumen und Zielen
Verdient man kein Geld
Und ohne die Kohle –
Fällst du in die Tiefe dieser Welt!

Und innerlich hagelt es hart
- KRTITIK -
Die innere Stimme, die mich
tagtäglich
- FICKT –

Der innere Hund, leckt sich wund!
Nimmt mich so hart in die Mangel
Selbst ausgeschossen, mit Trauer
begossen
Habe das Schicksal an der Angel

Alles steht in Flammen
Das Feuer brennt in meiner Seele
Woran denn noch glauben!?
Keine Chance mit fort zu bewegen!

35 Jahre nun, Schutt und Asche
Nichts trägt einen Wert –
Bis aufs Sammeln der Pfandflasche!
35 Jahre gelernt und nix kapiert
Gegeben und aufgeopfert –
Wie als wäre ich, in der Hölle krepiert!

Mit Wünschen und Visionen
Kommt hier nicht zum Geld
Ich war zu ehrlich, habe Stolz
Warum mir Reichtum auch missfällt!

Ich haue nicht auf die Schwachen
Selbst komme ich aus dem Dreck
Zumindest stehe ich noch vor dem
Spiegel
Andere sind nur ein Schandfleck!

Und innerlich hagelt es hart
- KRTITIK -
Die innere Stimme, die mich
tagtäglich
- FICKT –

Der innere Hund, leckt sich wund!
Nimmt mich so hart in die Mangel
Selbst ausgeschossen, mit Trauer
begossen
Habe das Schicksal an der Angel

Was wird anders sein?
(Aus dem Leben)

Ich kann jammern
Kann, heulend schreien
Doch was wird es bringen
Was wird danach anders sein!?

Eine Lösung sie muss her
Doch diese, steht nirgends
geschrieben
Das Leben es ist eine, ~ eigene Gefahr
~
Von dem was war, ist nichts geblieben

Was auch kommt
Bei dem was geht
Das Leben wird,
Tag für Tag gelebt!

Erfolg ist keine Tür
In die man so spaziert!
Es ist eine Treppe, mühsam die Stufen
Die man hinauf stolziert!

Gebe ich auf oder –
Mache ich stetig weiter
Die Schnauze sinkt in den Schlamm
Wenn ich verliere, wenn ich scheiter!

Mit dem Dreck unter der Nase
Den Kopf wieder hoch, wieder nach
vorn!

3

(Frust)

Aller guten Dinge
So spricht man, dies sind 3
1,2 – 4,5
Verdammtes Glück, nu komm herbei!

Aller guten Dinge
Ja dies, sind bekanntlich 3
Doch bei der Liebe, sind es Zwei
Und für Streit sorgt somit die 3

Wenn es steht doch 1:1
Ist ausgeglichen jede Zahl
Doch der guten Dinge – 3
Fordert zur Stichwahl

Eins und Eins gesellt sich gern
Schauen gemeinsam, weit und fern
Dann kommt die gute 3 hinzu
Drei sind einer zu viel, raus bist du!

Memory und 2er-Pasch
2 Pfosten und die Latte kracht!
JA und NEIN, ist 1 und 2
So kommt hinzu das JAEIN, die gute 3

Die 3, sie ist befriedigend
Denn alle guten Dinge sind dies auch
Beim 3. Versuch, doch ich scheitere
auch!

Drecksloch
(Depression/Enttäuschung)

Es ist ein Drecksloch –
In dem ich lebe!
Das Zeitenkarussell,
in dem ich mich bewege

Da dreht sich alles um;
Depression, Enttäuschung
Trauerzeit und Wunden
Und die verdammte Zeit ist um!

Ich drehe mich um mich selbst
Sehe mir zu, wie ich in die ganze
Tiefe stürz und falle
Ohnmächtig, Schwindel
Schnappe nach Luft –
Glück, woran ich mich versuche doch
zu krallen!

Nichts geht mehr nach vorn
Nichts nimmt man zurück
Trauer und die Dunkelheit
Nehmen mir die Sicht auf jegliches
Glück!

So viele Jahre alt
Ein halbes Leben doch verschwendet!
Geträumt von all den guten Dingen
Man verdammt! Ich war geblendet!

Ich laufe herum
(Depression)

Ich laufe herum, versunken in
Gedanken und Erinnerung
In meinem Leben gibt's nix zu drehen!
An allem selber schuld, es ist mein
Weg –
Es ist mein Leben!
Doch fühle mich so unverstanden
So oft gefallen und unten
angestanden!
Nix verändert sich und so hänge ich,
in – dieser tiefen Depri-Krise drin!

Kein Stern der vom Himmel fällt
Kein Glanz des Lichtes scheint für
mich –
In dieser Welt, doch hätte ich Geld
Dann wäre es anders, mein Bild in der
Welt!
Geflogen und geflogen, von Job zu
Job!
Gesucht zu finden, den Platz aus dem
Kopf
Suche Arbeit, meine wahre Berufung!
Keinen Job, keinen Scheiß! Keinen
Unfug!

Und mir schmerzt, solange schon das
Herz!

Lunge und Brust, es klemmt und es
drückt
Entzündung im Körper! Mein
Versagen –
Es ist geglückt!
Ich suche die Grenzen, zwischen mir
und denen!
Das Blut kocht in den Adern – Gift,
es fließt durch meine Venen!

Jetzt auf gleich
(Seele)

Von jetzt auf gleich
Das Leben umschmeißen ist nicht
leicht!
Gedanken und Gefühle
Die man dabei, doch zerreißt!

Wo soll ich, denn noch alles hingehen
Wo soll ich, denn das Glück noch
finden!?
Wenn Freude und Lebensgefühl,
tief in mir verschwinden!

So hässlich und so grau
So ist doch diese Welt!
Mir tut es leid und auch weh
Welch Trauer über mich fällt!

Schmerzen auf der Haut
Auf der Seele und in den Knochen!
Warten... Warten... auf das Gute
Seit Jahr und Tag, so viele Wochen!

Die Geduld, sie reißt!
Sie verliert ihr Gefühl
Diese Welt ist so trist und grau
Der Mensch, er ist so asozial und kühl!

Wintertrauer
(Empfinden)

Frische Frühlingsluft
Sie verfärbt und vermischt sich –
Mit der herrschenden
Winterskälte!

Festgefroren –
Ist die Traurigkeit
Wird erwärmt von der Sonne
In angenehmer Frühlingszeit

Und die Sonne –
Sie wärmt

Und die Sonne –
Sie strahlt

Wintertrauer
Frost und Frust

Rechnung beglichen!
Ausgezahlt!

Leblose Tage
(Zustand/Leben)

Ich fühle mich –
Als wäre ich
Tiefer unten, als wie ein Keller!
Tiefer – unter der Erde begraben
Ein Tod im Leben
Leblose Tage

Ich bin zu viel allein
Im Grab mit einem Bein!
Ich weiß, ich muss weiter!
Denn noch lebe ich

Ein gefühlter Tod mehr,
in diesen Tagen
Doch ich stehe auf, erneut
Mit weiteren Schnitten, tiefen Narben!

Ich stehe auf
Und ich sehe auf!
Weil ich nicht verlieren will!
Solange man lebt
Steht der Wind nicht still!

Halte ich durch
(Seele)

Gequält von Depressionen
Von finanziellen Tiefgängen
Alles, meines Lebens –
Fest betonierte, fundierte Stationen!

Raus aus dem Elend
Raus aus dem Loch!
Schmerz, Trauer – JA!
Und ich fühle es doch!

So tief, wie nun –
So hing ich noch nicht drin!
Wird es das Buch meines Lebens!?
Der Weg, auf dem ich es zu etwas
bring'!?

Glaube ich daran?
Verzweifele ich daran?
Beiße ich mir die Zähne aus?

Halte ich durch, wenn ja, wie lang!?

Depri-Montage
(Gedanken)

Mir fallen immer die Montage schwer
Der Wochenbeginn –
Eine lange Zeit bis zum Freitag
Es ist im Bewusstsein drin!

Erst dann, ich wieder ausruhen –
Darf und kann!
Zu wissen, wieder 5 Tage durchhalten
–
Und funktionieren zu müssen,
verdammt!

Der Montag –
Ist der depressivste Tag,
in der ganzen Woche für mich
Die beste Motivation, sie hilft da nicht!

Ich hoffe,
dass diese Therapiehefte –
Welche ich ab März 2021 nun beginne
Mir dabei helfen, aus dem Loch,
aus dem Elend heraus zu kommen!

Kraft und Mut

Kraft und Mut
Das bin ich
Von meinem Leid
Durchgehalten (Mein Werdegang)

Sammelwerk Entgegen der Zeit©
Christian Hofmann

2021

Kraft und Mut
(Wille)

Man braucht Ziele vor den Augen
Wege auf denen man geht
Und doch weiß ich auch –
Dass hart, der Wind durchs Gelände weht!
Ich muss wieder daran üben
Standhaft zu bleiben!
Denn ich weiß, die Härte sie lässt nicht nach
In keiner alles Tageszeiten!

Es kostet Kraft und Mut!
Im Kampf gegen Hass und Wut!
Doch ich bin gewillt, einmal mehr –
Wieder aus dem Loch zu kriechen!
Es kostet Wille und Einsatz!
Aufopferung und Bereitschaft!
Doch ich will und ich werde diese Wege
gehen!
All die Stürme, die will ich legen!

Keinen Bock mehr auf
All die depressive Scheiße
35 Jahre! Es wird Zeit
Für ein Ziel der langen Reise!
In langer Zeit nun
Vielerlei Gedanken gemacht
Fürs Leben ist Schluss mit lustig!
Denn ich habe zuletzt gelacht!

Das bin ich
(Gedanken)

Muss ich mein Leben sortieren –
Oder einfach mein Leben beginnen?

Ist es aus den Fugen?
Hat es eben nur lockere Stufen?
Ist es reparabel oder ist es –
Ein Aufriss und nur Spektakel?

Nun, ich werde es sehen
Beim Sezieren, beim Reflektieren
Kann ich so getrost –
Durch meine Zeit Revue spazieren!?

Ich analysiere jene Momente
Und auch die Stationen
Hinterfrage mich und jede –
Meiner Situationen

Jeder Eklat und die Eskapaden
Zweifel und die Pech-Paraden
Geldverlust und leere Taschen
Differenzen aller Klassen

Mit meinen Gedanken und Träumen,
befülle ich im Leben – nun meine Räume
Bin ich die Feder im Wind oder doch
Für einen festen Platz bestimmt!?

Von meinem Leid

(Seele)

Keinem erzähle ich mehr
So groß, von meinem Leid
Denn alles was mir ans Herz geht,
ich hier in diese Zeilen schreib'
Ich schlafe so schlecht ein
Seit langer, langer Zeit
Erwache und erschrecke in der Nacht
Herzstechen, Brustdrücken, es quält das
Leid!
Gedanken und Traurigkeit
Sie schnüren Herz und Kehle zu
Stechen auf der Brust
Ich sage stopp, doch der Kopf er hört nicht
zu!
So liege ich da, wach und –
Verengt ist mein Atmen!
Der Puls rast und das Herz sticht
So geht es mir, schon seit langem!
Und mir bleibt nichts wie –
Diese Scheiße hier zu verfassen denn,
ich kann meinem Kopf sagen so oft ich will –
Er soll das verdammte Denken doch lassen!
Gedanken, Gedanken, Gedanken
Nix dreht sich so sehr, wie alles um die
Gedanken!

Durchgehalten (Mein Werdegang)
(Mein Inneres)

Wie viele Worte, wie viele Zeilen –
Ich schreibe und schreibe,
doch es heilt niemals mein Leiden!

So viel versucht und auch schon probiert
Verhalten und Gewohnheit –
Reflektiert und therapiert!

1998 – 2001 Durchgehalten
2001 – 2007 Durchgehalten
2007 – 2014 Durchgehalten
Burnout! Fertig! Depression!!!

2015 Auszeit und Erholung
2016 – 2018 Durchgehalten
2017 Leicht eingeknickt
Turbulente Zeiten!

2019 schwere depressive Phase
2020 schwere depressive Phase
2021 Atemnot-Attacken!
Bluthochdruck, Herzstechen

2006 – 2021 anhaltende Schreibtherapie
Dunkle Verse, depressive Lyrik – düstere Poesie